Bailly

François Arago

1854

© 2024, François Arago (domaine public)

Édition: BoD • Books on Demand GmbH, In de Tarpen 42, 22848 Norderstedt (Allemagne)

Impression: Libri Plureos GmbH, Friedensallee 273, 22763 Hamburg (Allemagne)

ISBN: 978-2-3225-4332-8

Dépôt légal : Août 2024

BAILLY

Introduction

Enfance de Bailly. — Sa jeunesse. — Ses essais littéraires. — Ses études mathématiques

Bailly devient l'élève de Lacaille. — Il est associé à ses travaux astronomiques

Bailly membre de l'Académie des sciences. — Ses recherches sur les satellites de Jupiter

Travaux littéraires de Bailly. — Ses biographies de Charles V, de Leibnitz, de Pierre Corneille, de Molière

Débats relatifs à la place de secrétaire perpétuel de l'Académie des sciences

Histoire de l'astronomie. — Lettres sur l'Atlantide de Platon et sur l'ancienne histoire de l'Asie
Première entrevue de Bailly et de Franklin. — Son entrée à l'Académie française, en 1783. — Son discours de réception. — Sa rupture avec Buffon

Rapport sur le magnétisme animal

Nomination de Bailly à l'Académie des Inscriptions

Rapport sur les hôpitaux

Rapport sur les abattoirs

Biographies de Cook et de Gresset

Assemblée des notables. — Bailly est nommé premier député de Paris, et, peu de temps après, doyen ou président des députés des communes

Bailly maire de Paris. — Disette. — Marat se déclare l'ennemi du maire. — Événements du 6 octobre

Coup d'œil sur les Mémoires posthumes de Bailly

Examen de l'administration de Bailly comme maire

Fuite du roi. — Événements du Champ-de-Mars

Bailly quitte la mairie le 12 novembre 1791. — Les échevins. — Examen des reproches qu'on peut adresser au maire

Voyage de Bailly de Paris à Nantes, et ensuite de Nantes à Melun. — Son arrestation dans cette dernière ville. — Il est transféré à Paris

Bailly est appelé comme témoin dans le procès de la reine. — Son procès devant le tribunal révolutionnaire. — Sa condamnation à mort. — Son exécution. — Détails imaginaires ajoutés par les historiens mal informés à ce que cet événement présenta d'odieux et d'effroyable

Portrait de Bailly. — Sa femme

BAILLY

BIOGRAPHIE LUE EN SÉANCE PUBLIQUE DE L'ACADÉMIE DES SCIENCES, LE 26 FÉVRIER 1844.

INTRODUCTION.

Messieurs, le savant, illustre à tant de titres, dont je vais raconter la vie, fut enlevé à la France il y a déjà un demi-siècle. Je me hâte d'en faire la remarque, pour bien établir que j'ai choisi ce sujet sans m'arrêter à des réclamations dépourvues, suivant moi, de justesse et d'à-propos. La gloire des membres de la première Académie des sciences est un héritage de l'Académie actuelle. Nous devons la chérir comme les gloires plus modernes ; il faut l'entourer des mêmes hommages, lui vouer le même culte : le mot prescription serait ici synonyme d'ingratitude.

S'il était arrivé, Messieurs, que, parmi les académiciens nos prédécesseurs, un homme, déjà illustre par ses travaux, sans ambition personnelle, jeté malgré lui au milieu d'une révolution terrible, en butte à mille passions déchaînées, eût disparu cruellement dans la tourmente politique : oh ! alors, toute négligence, tout retard dans l'étude des faits serait inexcusable ; d'honorables contemporains de la victime ne seraient bientôt plus là pour répandre sur des événements obscurs les lumières de leurs honnêtes et impartiaux souvenirs ; une existence vouée au culte de la raison et de la vérité viendrait à ne pouvoir être appréciée que d'après des documents où, pour ma part, je ne consentirai point à puiser en aveugle tant qu'il ne sera pas prouvé qu'en temps de révolution on peut se fier à la droiture des partis.

Je vous devais, Messieurs, ce compte abrégé de l'ensemble d'idées qui m'a conduit à vous présenter un tableau détaillé de la vie et des travaux d'un membre de l'ancienne Académie des sciences. Des biographies qui suivront bientôt celle-ci prouveront que les études auxquelles je me suis livré sur Carnot, Condorcet et Bailly, ne m'ont pas empêché de songer sérieusement aux illustrations contemporaines.

Leur rendre un loyal, un véridique hommage, est le premier devoir des secrétaires de l'Académie, et je le remplirai religieusement, sans m'engager, toutefois, à observer strictement l'ordre chronologique, à suivre pas à pas les registres de l'état civil.

Les éloges, disaient un ancien, devraient être différés jusqu'au moment où l'on a perdu la véritable mesure des morts. Alors on pourrait en faire des géants sans que personne s'y opposât. Je pense, au contraire, que les biographes, ceux des Académiciens surtout, doivent se hâter autant que possible, afin que chacun soit représenté dans sa taille réelle, afin que les personnes bien informées aient l'occasion de rectifier les inexactitudes qui, malgré tous les soins, se glissent presque inévitablement dans ce genre de compositions. Je regrette que nos anciens secrétaires n'aient pas suivi cette règle. En différant, d'année en année, d'analyser avec leur scrupule, avec leur talent habituel, la vie scientifique et politique de Bailly, ils laissaient à l'irréflexion, aux préjugés, aux passions de toute nature, le temps d'imprégner les esprits d'une multitude d'erreurs très-graves, qui ont considérablement ajouté à la difficulté de ma mission. Lorsque j'étais conduit à porter sur les événements de la grande révolution de 1789, auxquels notre confrère a pris une part active, des jugements différents de ceux qu'on trouve consignés dans des ouvrages célèbres, je ne pouvais avoir la prétention d'être cru sur parole. Exposer mes appréciations ne suffisait donc pas ; je devais aussi combattre celles des historiens avec qui je me trouvais en désaccord. Cette nécessité a donné à la biographie que je vais lire une étendue inusitée. Je sollicite à ce sujet la bienveillance de l'Assemblée. J'espère l'obtenir, je l'avoue, lorsque je songe que ma mission est d'analyser devant vous les titres scientifiques et littéraires d'un confrère illustre, de dépeindre la conduite toujours noble et patriotique du premier président de l'Assemblée nationale ; de suivre le premier maire de Paris dans tous les actes d'une administration dont les difficultés paraissaient au-dessus des forces humaines ; d'accompagner le vertueux magistrat jusque sur l'échafaud ; de dérouler les phases lugubres du cruel martyre qu'on lui fit subir ; de retracer, enfin, quelques uns des plus grands, des plus terribles événements de la révolution française.

ENFANCE DE BAILLY. — SA JEUNESSE. — SES ESSAIS LITTÉRAIRES. SES ÉTUDES MATHÉMATIQUES.

Jean-Sylvain Bailly naquit à Paris, en 1736, de Jacques Bailly et de Cécile Guichon.

Le père du futur astronome était garde des tableaux du roi. Cette charge existait dans la famille obscure, mais honnête, de Bailly depuis plus de cent ans.

Le jeune Sylvain ne quitta jamais la maison paternelle. Sa mère ne voulut point s'en séparer ; ce n'est pas qu'elle pût lui tenir lieu des maîtres que réclame la première enfance ; mais une tendresse, poussée à ses limites extrêmes, l'aveuglait entièrement. Bailly se forma donc lui-même sous les yeux de ses parents. Rien de plus propre, dès lors, que l'enfance de notre confrère à vérifier une théorie bien souvent reproduite, touchant l'influence de l'imitation sur le développement de nos facultés. Ici, le résultat, examiné attentivement, ne serait pas, tant s'en faut, d'accord avec la vieille hypothèse. Je ne sais, mais, tout considéré, il fournirait plutôt des armes puissantes à qui voudrait soutenir que, dans ses premières habitudes, l'enfance cherche des contrastes.

Jacques Bailly avait un caractère léger et inappliqué.

Le jeune Sylvain montra dès le début une raison forte et la passion de l'étude.

L'homme fait trouvait son véritable élément dans une gaieté bruyante.

L'enfant affectionnait le recueillement.

Pour le père, l'isolement eût été mortel ; sa vie, à lui, c'était l'agitation, des saillies, des entretiens épigrammatiques, des festins libres, les petits soupers de l'époque.

Le fils restait seul des journées entières dans un silence absolu. Il savait se suffire à lui-même ; jamais il n'eut besoin de rechercher la compagnie des camarades de son âge. Une grande sobriété était à la fois dans ses habitudes et dans ses goûts.

Le garde des tableaux du roi dessinait à merveille, mais semblait s'être peu occupé des principes de l'art.

Son fils Sylvain fit de ces principes une étude profonde et fructueuse ; il devint un artiste théoricien de première ligne, mais ne sut jamais dessiner ni peindre même médiocrement.

Il est peu de jeunes gens qui, tel jour donné, n'aient souhaité d'échapper aux regards scrutateurs de leurs parents. L'inverse arrivait dans la famille de Bailly. « Ne parlez pas à mon fils de cette peccadille, disait Jacques à ses domestiques et quelquefois à ses amis. Sylvain vaut mieux que moi ; sa morale est d'une grande sévérité. Sous les formes les plus respectueuses, j'apercevrais dans son maintien un blâme qui m'affligerait. Je désire éviter qu'il me gronde même tacitement, même sans mot dire. »

Les deux esprits se rencontrèrent en un seul point : dans le goût pour la poésie, ou, si on l'aime mieux, pour la versification ; mais, là même, nous apercevrons des différences.

Bailly le père composait des chansons, de petites pièces, des parades qu'on jouait à la Comédie-Italienne. Bailly le fils débuta, à seize ans, par un ouvrage sérieux et de longue haleine, par une tragédie.

Cette tragédie était intitulée *Clotaire*. Le sujet, puisé dans les premiers siècles de notre histoire, avait conduit Bailly, circonstance singulière et touchante, à raconter les tortures que la multitude séduite et barbare avait fait éprouver à un maire de Paris. L'ouvrage fut modestement soumis au comédien Lanoue, qui, tout en donnant à Bailly des encouragements flatteurs, le détourna franchement d'exposer *Clotaire* aux chances d'une représentation publique. Sur l'indication du comédien auteur, le poëte adolescent prit *Iphigénie en Tauride* pour sujet de sa seconde composition. Telle était son ardeur, qu'au bout de trois mois il avait déjà tracé le dernier vers du cinquième acte de la nouvelle tragédie, et qu'il courait à Passy pour solliciter la décision de l'auteur de *Mahomet II*. Cette fois, Lanoue crut apercevoir que son confiant ami n'était pas appelé à la carrière du théâtre, et il le lui déclara sans ménagements. Bailly écouta la sentence fatale avec plus de résignation qu'on n'en pouvait attendre d'un jeune homme dont l'amour-propre naissant recevait un si rude échec. Il jeta même incontinent ses deux tragédies au feu. En pareille circonstance, Fontenelle, dans sa jeunesse, montra moins de docilité. Si la tragédie *d'Aspar* disparut aussi dans les flammes, ce ne fut pas seulement sur la décision d'un ami ; l'auteur alla jusqu'à provoquer le jugement bruyant du parterre.

Certainement, aucun astronome ne regrettera que des appréciations, soit légères, soit mûrement réfléchies, des premières productions littéraires de Bailly, aient contribué à le jeter dans la carrière des sciences. Néanmoins, pour l'honneur des principes, il semble juste de protester contre les éloges qu'on a donnés aux prévisions de Lanoue, à la sûreté de son jugement, à l'excellence de ses conseils. Qu'est-ce à dire ? Un enfant de seize à dixsept ans composera deux tragédies médiocres, et ces essais décideront irrévocablement de son avenir ! On a donc oublié que Racine, déjà parvenu à l'âge de vingt-deux ans, débuta par *Théagene et Chariclée*, par les *Freres ennemis* ; que Crébillon avait près de quarante ans quand il composa une tragédie sur la *Mort des enfants de Brutus*, dont on n'a pas retenu un seul vers ; enfin, que les deux premières comédies de Molière, *les Trois docteurs rivaux* et *le Maître d'école*, ne sont plus connues que par leurs titres. Rappelons-nous cette réflexion de Voltaire : « Il est bien difficile de réussir avant trente ans dans un genre qui exige la connaissance du monde et du cœur humain. »

Un heureux hasard fit voir que les sciences pourraient ouvrir au poëte découragé une carrière honorable et glorieuse. M. de Moncarville offrit de lui enseigner les mathématiques, en échange des leçons de dessin que Moncarville le fils recevait du garde des tableaux du roi. L'arrangement ayant été agréé, les progrès de Sylvain Bailly dans ces nouvelles études furent brillants et rapides.

BAILLY DEVIENT L'ÉLÈVE DE LACAILLE. — IL EST ASSOCIÉ À SES TRAVAUX ASTRONOMIQUES.

L'élève en mathématiques fit, peu de temps après, une de ces rencontres providentielles qui décident de l'avenir d'un jeune homme. Mademoiselle Lejeuneux cultivait la peinture. C'est chez cette femme artiste, connue plus tard sous le nom de madame de La Chenaye, que Lacaille vit Bailly. Le maintien attentif, sérieux et modeste de l'étudiant charma le grand astronome. Il le témoigna d'une manière non équivoque, en offrant, lui si avare de son temps, de devenir le guide du futur observateur, et aussi en le mettant en relation avec Clairaut.

On a dit que, dès ses premiers rapports avec Lacaille, Bailly montra une vocation décidée pour l'astronomie. Ce fait me paraît incontestable. À son début, je le vois associé aux plus rudes, aux plus pénibles, aux plus fastidieux travaux du grand observateur.

Ces épithètes sembleront peut-être extraordinaires ; mais ce sera à ceux-là seulement qui n'ont appris la science des astres que dans les anciens poëmes, en vers ou en prose.

Les Chaldéens, mollement étendus, aux étages supérieurs des terrasses embaumées de Babylone, sous un ciel toujours azuré, suivirent des yeux le mouvement majestueux et général de la sphère étoiléc ; ils constatèrent les déplacements particuliers des planètes, de la lune, du soleil ;

ils tinrent note de la date et de l'heure des éclipses ; ils cherchèrent si des périodes simples ne permettraient pas de prédire longtemps d'avance ces magnifiques phénomènes. Les Chaldéens créaient ainsi, qu'on me passe l'expression, l'*astronomie contemplative.* Leurs observations étaient peu nombreuses, peu exactes ; ils les avaient faites et discutées sans peine et sans fatigue.

Telle n'est pas, tant s'en faut, la position des modernes. La science a senti le besoin d'étudier les mouvements célestes dans leurs plus minutieuses circonstances. Les théories doivent expliquer les détails ; c'est leur pierre de touche ; c'est par les détails qu'elles s'affermissent ou s'écroulent. D'ailleurs, en astronomie, les plus imposantes vérités, les plus étonnants résultats se fondent sur la mesure de quantités d'une petitesse extrême. De telles mesures, bases actuelles de la science, exigent des attentions très-pénibles, des soins infinis, auxquels aucun savant ne voudrait s'astreindre, s'il n'était soutenu, encouragé par l'espoir d'arriver à quelque détermination capitale par une vocation décidée et ardente.

L'astronome moderne, vraiment digne de ce nom, doit renoncer aux distractions de la société, et même aux douceurs d'un sommeil non interrompu de quelques heures. Dans nos climats, pendant les saisons les plus rudes, le ciel est presque toujours caché par un épais rideau de nuages. Sous peine de renvoyer à des centaines d'années la vérification de tel ou tel point de théorie, il faut guetter les moindres éclaircies, en profiter sans retard.

Un vent favorable vient de dissiper les vapeurs dans la direction où va se manifester un phénomène important qui doit durer seulement quelques secondes. L'astronome, exposé à toutes les intempéries de l'air (c'est une condition d'exactitude), le corps douloureusement plié, dirige, en toute hâte, la lunette d'un grand cercle gradué sur l'astre si impatiemment attendu. Ses lignes de repère sont des fils d'araignée. Si dans la visée il se trompe de la moitié de l'épaisseur d'un de ces fils, l'observation sera comme non avenue ; jugez de son inquiétude : dans le moment critique, une bouffée de vent faisant vibrer la lumière artificielle adaptée à la lunette, les fils deviennent presque invisibles ; l'astre lui-même, dont les rayons lui parviennent à travers des couches atmosphériques de densités, de températures, de réfringences variables, paraît osciller fortement, de manière que sa position réelle est presque in assignable ; au moment où une extrême netteté dans l'image serait indispensable pour assurer l'exactitude des mesures, tout devient confus, soit parce que les verres de l'oculaire se couvrent de vapeurs, soit parce que le voisinage d'un métal très-froid détermine, dans l'œil appliqué à la lunette, une abondante sécrétion de larmes : le pauvre observateur est donc exposé à cette alternative, d'abandonner à d'autres plus heureux la constatation d'un phénomène qui, peut-être, ne se reproduira pas de son vivant, ou d'introduire dans la science des résultats d'une exactitude problématique. Enfin, pour compléter l'observation, il faut consulter les divisions microscopiques du cercle gradué, et substituer à ce que les opticiens ont appelé la *vision indolente*, la seule dont les anciens eussent besoin, la *vision tendue*, qui, en peu d'années, conduit à la cécité.

Lorsqu'à peine sorti de cette torture physique et morale, l'astronome veut savoir ce que ses labeurs ont produit d'utile, il est obligé de se jeter dans des calculs numériques d'une minutie et d'une longueur repoussantes. Certaines observations qui ont été faites en moins d'une minute, exigent une journée de travail pour être comparées aux Tables.

Telle fut la perspective que Lacaille présenta sans ménagement à son jeune ami ; telle est la carrière dans laquelle le poëte adolescent se jeta avec une grande ardeur, et sans qu'aucune transition l'y eût préparé.

Un calcul utile, tel fut le premier titre de notre confrère à l'attention du monde savant.

L'année 1759 venait d'être signalée par un de ces grands événements dont l'histoire des sciences conserve religieusement le souvenir. Une comète, celle de 1682, était revenue à l'époque indiquée d'avance par Clairaut, et, à très-peu près, dans la région que l'analyse mathématique lui avait assignée. Cette réapparition rayait les comètes de la catégorie des météores sublunaires ; elle leur donnait définitivement pour orbites des courbes fermées, au lieu de paraboles ou même de simples lignes droites ; l'attraction les englobait dans son immense domaine ; enfin, ces astres cessaient à jamais de pouvoir être envisagés, par la superstition, comme des pronostics.

La rigueur, la force de ces conséquences, devaient naturellement s'accroître à mesure que la ressemblance entre l'orbite annoncée et l'orbite réelle deviendrait plus intime.

Tel fut le motif qui décida tant d'astronomes à calculer minutieusement l'orbite de la comète, d'après les observations faites en 1759 dans toute l'Europe. Bailly fut un de ces calculateurs zélés. Aujourd'hui un pareil travail mériterait à peine une mention particulière ; mais on doit remarquer que les méthodes, à la fin du XVIIIe siècle, étaient loin d'avoir la perfection de celles dont on fait usage aujourd'hui, et qu'elles laissaient une assez large part à l'habileté personnelle de celui qui les employait.

Bailly demeurait au Louvre. Décidé à faire marcher de front la théorie et la pratique de l'astronomie, il fit établir un observatoire, dès l'année 1760, à l'une des croisées de l'étage supérieur de la galerie méridionale. Peut-être s'est-on étonné de m'entendre appeler du nom pompeux d'*observatoire* l'espace qu'occupait une croisée et le petit nombre d'instruments qu'il pouvait recevoir. J'admets ce sentiment, pourvu qu'on l'étende à l'Observatoire royal de l'époque, à l'ancienne masse de pierres, imposante et sévère, qui attire les regards des promeneurs de la grande allée du Luxembourg. Là aussi, les astronomes étaient obligés de se placer dans le vide des croisées ; là aussi, ils disaient, comme Bailly : Je ne puis vérifier mes quarts-de-cercle ni à l'horizon ni au zénith, car je n'aperçois ni le zénith ni l'horizon. Il faut bien qu'on le sache, dût cette déclaration contrarier les rêveries passionnées de deux ou trois écrivains sans autorité scientifique : la France ne possède un observatoire digne d'elle, digne de la science et capable de lutter avec les observatoires étrangers, que depuis dix à douze ans.

Les plus anciennes observations faites par Bailly, à l'une des fenêtres de l'étage supérieur de la galerie du Louvre qui donne sur le pont des Arts, datent du commencement de 1760. L'élève de Lacaille n'avait pas encore vingt-quatre ans. Ces observations sont relatives à une opposition de la planète de Mars. Dans la même année, il déterminait les oppositions de Jupiter, de Saturne, et comparait aux Tables les résultats de ses propres déterminations.

L'année suivante, je le vois associé à Lacaille dans l'observation du passage de Vénus sur le Soleil. C'était jouer de bonheur, Messieurs, que de rencontrer coup sur coup, au début de sa vie scientifique, deux des plus grands événements de l'astronomie : le premier retour de comète prédit et bien constaté ; une de ces éclipses partielles du Soleil par Vénus, qui ne se produisent qu'après cent dix années et dont la science a déduit la méthode indirecte, mais exacte, sans laquelle nous ignorerions encore que la distance moyenne du Soleil à la Terre est de 38 millions de lieues.

J'aurai complété l'énumération des travaux astronomiques que Bailly avait faits avant de devenir académicien, quand j'aurai cité des observations de la comète de 1762, le calcul de l'orbite parabolique de ce même astre ; la discussion de quarante-deux observations de la Lune faites par La Hire, travail minutieux destiné à servir de point de repère à tous ceux qui s'occuperont de la théorie de notre satellite ; enfin, la réduction de 515 étoiles zodiacales, observées par Lacaille en 1760 et 1761.

BAILLY MEMBRE DE L'ACADÉMIE DES SCIENCES. — SES RECHERCHES SUR LES SATELLITES DE JUPITER.

Bailly fut nommé membre de l'Académie des sciences le 29 janvier 1763. À partir de ce moment, son zèle astronomique ne connut plus de bornes. La vie laborieuse de notre confrère pourrait, au besoin, être mise en regard du vers, plus spirituel que fondé, dont un poëte de mauvaise humeur stigmatisa les honneurs académiques. Personne, certainement, ne dira de Bailly, qu'après son élection,

> Il s'endormit et ne fit plus qu'un somme.

On s'étonnera, au contraire, de la multitude de travaux littéraires et scientifiques qu'il exécuta en peu d'années.

C'est de 1763 que datent les premières recherches de Bailly sur les satellites de Jupiter.

Le sujet était heureusement choisi. En l'étudiant dans toute sa généralité, notre confrère se montra à la fois calculateur infatigable, géomètre pénétrant, observateur industrieux et habile. Les recherches de Bailly touchant les satellites de Jupiter seront toujours son premier, son principal titre de gloire scientifique. Avant lui, les Maraldi, les Bradley, les Wargentin découvrirent empiriquement quelques-unes des principales perturbations que ces astres subissent dans leurs mouvements de révolution autour de la puissante planète qui les maîtrise ; mais on ne les avait pas rattachées aux principes de l'attraction universelle. L'honneur de l'initiative appartient, sur ce point, à Bailly. Cet honneur ne saurait être affaibli par les perfectionnements ultérieurs et considérables que la science a reçus ; les découvertes de Lagrange et de Laplace elles-mêmes l'ont laissé intact.

La connaissance des mouvements des satellites repose presque entièrement sur l'observation du moment précis où chacun de ces astres disparaît en pénétrant dans le cône d'ombre que Jupiter, immense globe opaque, projette à l'oppositedu soleil. En discutant une multitude de ces éclipses, Bailly ne tarda pas à s'apercevoir que les constructeurs des Tables des satellites opéraient sur des données numériques très-peu comparables entre elles. Cela avait peu d'importance avant que la théorie naquît ; mais, depuis la découverte analytique des perturbations, il était désirable que les erreurs possibles des observations fussent appréciées, et qu'on donnât le moyen d'y remédier. Tel fut l'objet du travail très-considérable que Bailly présenta à l'Académie en 1771.

L'illustre astronome développe, dans son beau Mémoire, le système d'expériences à l'aide duquel chaque observateur peut déduire l'instant de la disparition réelle d'un satellite, de l'instant de la disparition apparente, quelle que soit la force de la lunette dont il se sert, quelle que soit la hauteur de l'astre éclipsé au-dessus de l'horizon, et, conséquemment, la diaphanéité des couches atmosphériques à travers lesquelles on le regarde, quelle que soit la distance de ce même astre au soleil et à la planète ; quelle que soit, enfin, la sensibilité de la vue de l'observateur, circonstances qui, toutes, exercent une influence considérable sur le moment de la disparition apparente. Le même ensemble d'observations ingénieuses et fines conduit l'auteur, chose singulière, à la détermination des diamètres réels des satellites, c'est-à-dire de petits points lumineux qui, avec les lunettes employées alors, n'avaient pas de diamètre saisissable.

Je me contenterai de ces considérations générales. Je remarquerai cependant que les diaphragmes dont Bailly se servait n'ont pas pour seul effet de diminuer la quantité de lumière qui contribue à la formation des images, mais qu'ils augmentent le diamètre considérablement et d'une manière variable, du moins quand il s'agit d'étoiles.

Il sera nécessaire de soumettre la question, envisagée sous ce point de vue, à un nouvel examen.

Les géomètres et les astronomes qui désireraient connaître toute l'étendue des travaux de Bailly, ne devront pas consulter seulement les collections de l'Académie des sciences. Notre confrère publia, en effet, au commencement de 1766, un ouvrage séparé, sous te titre modeste d'*Essai sur la théorie des satellites de Jupiter*.

L'auteur débute par une *histoire de l'astronomie des satellites*. Cette histoire renferme une analyse à peu près complète des découvertes de Maraldi, de Bradley, de Wargentin. Les travaux de Galilée et de ses contemporains y sont indiqués avec moins de détail et d'exactitude. J'ai pensé que je devais combler les lacunes en profitant de documents très-précieux publiés depuis peu d'années, et dont Bailly n'avait point connaissance.

C'est ce que je ferai dans une Notice séparée, en dehors de toute idée préconçue et de tout esprit de parti ; je n'oublierai pas surtout qu'un honnête homme ne doit calomnier personne, pas même les agents de l'inquisition.

TRAVAUX LITTÉRAIRES DE BAILLY. — SES BIOGRAPHIES DE CHARLES V, DE LEIBNITZ, DE PIERRE CORNEILLE, DE MOLIÈRE.

Lorsque Bailly entra à l'Académie des sciences, Grandjean de Fouchy en était le secrétaire perpétuel. La mauvaise santé de ce savant estimable faisait prévoir une vacance prochaine. D'Alembert jeta les yeux sur Bailly, lui fit entrevoir la survivance de Fouchy, et l'invita, afin de préparer les voies, à composer des biographies. Bailly suivit le conseil de l'illustre géomètre, et choisit, pour sujet de ses études, les éloges proposés par diverses académies, et principalement par l'Académie française.

Depuis l'année 1671 jusqu'à l'année 1758, les sujets de prix proposés par l'Académie française étaient relatifs à des questions de dévotion et de morale. L'éloquence des concurrents avait eu ainsi à s'exercer successivement, sur la science du salut ; sur le mérite et la dignité du martyre ; sur la pureté de l'esprit et du corps ; sur le danger qu'il y a dans certaines voies qui paraissent sûres, etc., etc. Elle dut même paraphraser l'*Ave Maria*. Suivant les intentions formelles du fondateur (Balzac), chaque discours se terminait par une courte prière. Duclos pensa, en 1758, que cinq à six volumes de pareils sermons avaient dû épuiser la matière, et, sur sa proposition, l'Académie décida, qu'à l'avenir, elle prendrait pour sujet des prix d'éloquence, l'Éloge des grands hommes de la nation. Le maréchal de Saxe, Duguay-

Trouin, Sully, d'Aguesseau, Descartes, figurèrent les premiers sur la liste. Plus tard, l'Académie se crut autorisée à proposer l'éloge des rois eux-mêmes ; elle entra dans cette nouvelle voie au commencement de 1767, en demandant l'Éloge de Charles V.

Bailly concourut. Sa pièce obtint seulement une mention honorable.

Rien n'est plus instructif que de rechercher à quelle époque naquirent, et comment se développèrent les principes, les opinions des personnages qui ont joué un rôle important sur la scène politique. Par une bien regrettable fatalité, les éléments de ces investigations sont d'ordinaire peu nombreux et infidèles. Nous n'aurons pas à exprimer ces regrets à l'égard de Bailly. Chaque composition nous présentera l'âme sereine, candide, vertueuse de l'illustre écrivain, sous un jour vrai et nouveau. L'Éloge de Charles V, point de départ d'une longue série d'ouvrages, doit nous arrêter quelques instants.

Les pièces couronnées par l'Académie française n'arrivaient jadis au public qu'après avoir été soumises à la censure sévère de quatre docteurs en théologie. Une approbation spéciale et réfléchie des hauts dignitaires de l'Église, que l'illustre Assemblée compta toujours parmi ses membres, ne dispensait pas de l'humiliante formalité. Si nous sommes certains de connaître l'Éloge de Charles V, tel qu'il sortit de la plume de son auteur ; si nous n'avons pas à craindre que les pensées aient subi quelque mutilation, nous en sommes redevables au peu de faveur qu'eut le discours de Bailly dans le concours académique de 1767. Ces pensées, au reste, auraient défié l'esprit le plus méticuleux, la susceptibilité la plus ombrageuse. Le panégyriste déroule avec émotion les affreux malheurs qui assaillirent la France pendant le règne du roi Jean. La témérité, l'imprévoyance de ce monarque ; les honteuses passions du roi de Navarre ; ses trahisons ; la barbare avidité de la noblesse ; l'esprit de sédition du peuple ; les déprédations sanguinaires des grandes Compagnies ; les insolences sans cesse renaissantes de l'Angleterre ; tout cela est dépeint sans réticence, mais avec une extrême retenue. Aucun trait ne décèle, ne fait même pressentir dans l'écrivain le futur président d'une assemblée nationale réformatrice, et surtout le maire de Paris au temps d'une effervescence révolutionnaire. L'auteur fera dire à Charles V qu'il écartera la faveur et appellera la renommée pour choisir ses représentants ; l'impôt lui paraîtra devoir être assis sur la richesse et respecter l'indigence ; il s'écriera même que l'oppression éveille les idées d'égalité. Ses témérités ne franchiront pas cette limite. Bossuet, Massillon, Bourdaloue, firent retentir la chaire de paroles bien autrement hardies.

Je suis loin de blâmer cette scrupuleuse réserve : la modération, quand elle s'unit à la fermeté, devient une puissance. En un point, cependant, le patriotisme de Bailly aurait pu, je voulais dire aurait dû, se montrer plus susceptible, plus ardent, plus fier. Lorsque, dans l'éloquente prosopopée qui termine l'Éloge, le roi d'Angleterre a rappelé avec arrogance la fatale journée de Poitiers, ne fallait-il pas sur-le-champ circonscrire cet orgueil dans de justes limites ; ne fallait-il pas jeter un coup d'œil rapide sur la composition de l'armée du prince Noir ; rechercher si un corps de troupes, parti de Bordeaux, recruté dans la Guyenne, ne comptait pas plus de Gascons que d'Anglais ; si la France, renfermée aujourd'hui dans ses limites naturelles, dans sa magnifique unité, n'aurait pas le droit, tout bien examiné, de considérer presque la fameuse bataille comme un événement de guerre civile ; ne fallait-il pas, enfin, faire observer, pour corroborer ces remarques, que le chevalier à qui le roi Jean se rendit, Denys de Morbecque, était un officier français banni de l'Artois ?

La confiance en soi est, sur les champs de bataille, la première condition de succès ; or, notre confiance ne serait-elle pas ébranlée, si les hommes les plus à portée de connaître les faits, de les apprécier sainement, avaient l'air de croire à une infériorité native de la race franque sur les races qui ont peuplé telles ou telles régions voisines ou éloignées ? Ceci, qu'on le remarque bien, n'est pas une susceptibilité puérile. De grands événements pourront, un jour donné, dépendre de l'opinion que la nation aura d'elle-même. Nos voisins d'outre-Manche nous donnent à ce sujet des exemples que nous ferions bien d'imiter.

En 1767, l'Académie de Berlin mit au concours l'Éloge de Leibnitz. Le public en témoigna quelque surprise. On croyait généralement que Leibnitz avait été admirablement loué par Fontenelle, et que le sujet était épuisé. Dès que la pièce de Bailly, couronnée en Prusse, vit le jour, on revint complétement de ces premières impressions. Chacun s'empressa de reconnaître que les appréciations de Bailly pouvaient être lues avec profit et plaisir, même après celles de Fontenelle. L'Éloge composé par l'historien de l'Astronomie ne fera sans doute pas oublier celui du premier secrétaire de l'Académie des sciences. Le style en est peut-être trop tendu ; peut-être aussi a-t-il une légère teinte déclamatoire ; mais la biographie et l'analyse des travaux sont plus complètes, surtout en tenant compte des notes ; Leibnitz, l'*universel*, s'y trouve envisagé sous des points de vue plus variés.

Bailly obtint, en 1768, l'accessit au prix d'éloquence proposé par l'Académie de Rouen. Le sujet était l'Éloge de Pierre Corneille. En lisant ce travail de notre confrère, on sera peut-être étonné de voir la distance immense que le modeste, le timide, le sensible Bailly, mettait entre le grand Corneille, son poëte de prédilection, et Racine.

Dans le concours que l'Académie française ouvrit, en 1768, pour l'Éloge de Molière, notre confrère ne fut vaincu que par Chamfort. Et encore, si dans ces derniers temps on n'avait parlé à satiété de l'auteur du *Tartufe*, peut-être me hasarderais-je à soutenir, qu'avec quelque infériorité dans le style, le discours de Bailly offrait une appréciation plus nette, plus vraie, plus philosophique, des chefs d'œuvre de l'immortel poëte.

DÉBATS RELATIFS À LA PLACE DE SECRÉTAIRE PERPÉTUEL DE
L'ACADÉMIE DES SCIENCES.

Nous avons vu d'Alembert, dès l'année 1763, invitant Bailly à s'exercer dans un genre de composition littéraire alors fort goûté, le genre des éloges, et lui présentant en perspective la place de secrétaire perpétuel de l'Académie des sciences. Six ans après, l'illustre géomètre donnait les mêmes conseils, et peut-être aussi les mêmes espérances, au jeune marquis de Condorcet. Celui-ci, docile à la voix de son protecteur, composait et publiait rapidement les Éloges des premiers fondateurs de l'Académie, les Éloges de Huygens, de Mariotte, de Roëmer, etc.

Au commencement de 1773, le secrétaire perpétuel, Grandjean de Fouchy, demanda Condorcet comme son suppléant en survivance. D'Alembert appuya fortement cette candidature. Buffon soutint Bailly avec non moins de vivacité. L'Académie offrit, pendant quelques semaines l'aspect de deux camps ennemis. Il y eut enfin une véritable bataille électorale fort disputée ; le résultat fut la nomination de Condorcet.

Je regretterais que nous dussions juger des sentiments de Bailly, après cette défaite, par ceux de ses adhérents. Leur colère s'exhala en termes d'une âpreté impardonnable.

D'Alembert, disaient-ils, avait « lâchement trahi l'amitié, l'honneur, les premiers principes de la probité. »

On faisait ainsi allusion à une promesse de protection, d'appui, de concours, remontant à dix années. Cette promesse avait-elle été absolue ? En s'engageant vis-à-vis de Bailly pour une place qui pouvait ne devenir vacante qu'après un intervalle de douze à quinze années, d'Alembert avait-il, manquant à son devoir d'académicien, déclaré d'avance que toute autre candidature, quel qu'en pût être l'éclat, serait pour lui comme non avenue ?

Voilà ce qu'il aurait fallu éclaircir avant de se livrer à des imputations violentes et odieuses.

N'était-il pas tout naturel que le géomètre d'Alembert, ayant à se prononcer entre deux savants honorables, accordât la préférence au candidat qui lui semblait représenter le mieux les hautes mathématiques ? Les éloges de Condorect étaient d'ailleurs, par le style, beaucoup plus en harmonie avec ceux que l'Académie applaudissait depuis près de trois quarts de siècle. Avant la déclaration de la vacance, le 27 février 1773, d'Alembert disait à Voltaire à l'occasion du Recueil de Condorect : « Quelqu'un me demandait l'autre jour ce que je pensais de cet ouvrage. Je répondis en écrivant sur le frontispice : « Justice, justesse, savoir, clarté, précision, goût, élégance et noblesse. » Voltaire écrivait le 1er mars : « J'ai lu, en mourant, le petit livre de M. de Condorect ; cela est aussi bon en son genre que les Éloges de Fontenelle. Il y a une philosophie plus noble et plus modeste, quoique hardie. »

Quelque vivacité de paroles et d'action ne saurait être légitimement reprochée à celui qui marchait appuyé sur des convictions si nettes et sur un suffrage si imposant.

Dans les Éloges de Bailly, il en est un, celui de l'abbé de Lacaille, qui n'ayant pas été composé pour une académie littéraire, n'offre plus aucune trace d'enflure, de déclamation, et pourrait, ce me semble, lutter avec les meilleurs Éloges de Condorcet. Mais, chose singulière, cette excellente biographie contribua, peut-être tout autant que les démarches de d'Alembert, à faire échouer la candidature de Bailly. Vainement le célèbre astronome se flattait-il, dans son exorde, « que M. de Fouchy, qui déjà, comme secrétaire de l'Académie, avait payé son tribut à Lacaille, ne lui saurait pas mauvais gré d'être entré après lui dans la même carrière,… qu'il ne serait pas blâmé de répéter les éloges dus à un homme illustre. »

Bailly, en effet, ne fut pas blâmé à haute voix ; mais quand l'heure de la retraite eut sonné à l'oreille de M. de Fouchy, sans faire d'éclat, sans se montrer blessé dans son amour-propre, en restant toujours modeste, ce savant n'en demanda pas moins pour adjoint, un confrère qui s'était dispensé de répéter ses Éloges ; qui n'avait point trouvé ses biographies insuffisantes. Cette désignation ne fut pas et ne devait pas être sans influence sur le résultat de la lutte.

Bailly, secrétaire perpétuel de l'Académie, aurait été obligé de résider continuellement à Paris. Bailly, membre de la section d'Astronomie, pouvait se retirer à la campagne et échapper ainsi aux attaques continuelles de ces voleurs de temps, comme disait Byron, qui abondent surtout dans les capitales. Bailly fixa sa résidence à Chaillot. C'est à Chaillot que notre confrère composa ses meilleurs ouvrages, ceux qui traverseront les siècles.

La nature avait doué Bailly de la mémoire la plus heureuse. Il n'écrivait ses discours qu'après les avoir achevés dans sa tête. Sa première copie était toujours une copie au net. Tous les matins, Bailly partait de bonne heure de sa modeste maison de Chaillot ; il allait au bois de Boulogne, et là, pendant des promenades de plusieurs heures, sa puissante intelligence élaborait, coordonnait et revêtait de toutes les pompes du langage, des conceptions destinées à charmer les générations. Les biographes nous apprennent que Crébillon composait de même. Telle fut, suivant divers critiques, la principale cause de l'incorrection et de l'âpreté de style qui déparent plusieurs pièces du célèbre tragique. Les œuvres de Bailly et surtout les discours qui terminent l'*Histoire de l'Astronomie*, infirment cette explication. Je pourrais invoquer aussi les productions si élégantes, si pures du poëte que la France vient de perdre et qu'elle pleure. Personne, en effet, ne l'ignore ; Casimir Delavigne, comme Bailly, ne jeta jamais ses vers sur le papier avant de les avoir amenés dans sa tête à l'harmonieuse perfection qui leur valut les suffrages unanimes des gens de goût. Pardonnez-moi ce souvenir, Messieurs. Le cœur se plaît à rapprocher des noms tels que ceux de Bailly, de Delavigne ; ces glorieux et rares symboles en qui se trouvent réunis le talent, la vertu et un invariable patriotisme.

HISTOIRE DE L'ASTRONOMIE. — LETTRES SUR L'ATLANTIDE DE PLATON ET SUR L'ANCIENNE HISTOIRE DE L'ASIE.

Bailly publia, en 1775, un volume in-4º intitulé : *Histoire de l'astronomie ancienne, depuis son origine jusqu'à l'établissement de l'école d'Alexandrie.* Un travail analogue, pour l'intervalle compris entre l'école d'Alexandrie et 1730, parut, dans l'année 1779, en deux volumes. Un nouveau volume, publié trois ans plus tard, porta l'histoire de l'astronomie moderne jusqu'à l'époque de 1782. La cinquième partie de cette immense composition, l'*Histoire de l'astronomie indienne,* vit le jour en 1787.

Lorsque Bailly entreprit cette histoire générale de l'astronomie, la science ne possédait rien de semblable. L'érudition s'était bien emparée déjà de quelques questions spéciales, de quelques points de détail, mais aucune vue d'ensemble n'avait encore présidé à ces investigations.

Le livre de Weidler, publié en 1741, n'était vraiment qu'une simple nomenclature des astronomes de tous les temps et de tous les pays ; des dates de leur naissance et de leur mort ; des titres de leurs ouvrages. L'utilité de cette énumération précise de dates et de titres ne changeait pas le caractère du livre.

Bailly trace le plan de son ouvrage de main de maître et en quelques lignes : « Il est intéressant, dit-il, de se transporter aux temps où l'astronomie a commencé ; de voir comment les découvertes se sont enchaînées, comment les erreurs se sont mêlées aux vérités, en ont retardé la connaissance et les progrès ; et après avoir suivi tous les temps, parcouru tous les climats, de contempler, enfin, l'édifice fondé sur les travaux de tous les siècles et de tous les peuples. »

Ce vaste plan entraînait essentiellement la discussion minutieuse et la comparaison d'une multitude de passages anciens et modernes. En jetant de telles discussions dans le corps même de l'ouvrage, l'auteur n'eût guère travaillé que pour les astronomes. En supprimant toute discussion, le livre aurait intéressé les seuls amateurs. Afin d'éviter ce double écueil, Bailly se décida à composer une narration suivie, avec la quintessence des faits, et à rejeter dans des chapitres à part, sous le titre *d'éclaircissements*, les preuves et la discussion des parties purement conjecturales. L'histoire de Bailly, sans perdre le caractère d'une œuvre de sérieuse érudition, devenait ainsi accessible à la généralité du public, et devait contribuer à répandre des notions exactes d'astronomie parmi les hommes de lettres et les gens du monde.

Lorsque Bailly déclarait, au début de son ouvrage, qu'il se transporterait au moment où l'astronomie commença, le lecteur pouvait compter sur quelques pages de pure imagination. Je ne sais cependant si personne était allé jusqu'à conjecturer qu'un chapitre du premier volume serait intitulé : *De l'astronomie antédiluvienne.*

La conclusion capitale à laquelle Bailly arrive, après un examen attentif de tout ce que l'antiquité nous a laissé de notions certaines, c'est qu'on trouve plutôt les débris que les éléments d'une science dans la plus ancienne astronomie de la Chaldée, de l'Inde et de la Chine.

Après avoir parlé de certaines idées de Pluche, Bailly disait : « Le pays des possibilités est immense, et quoique la vérité y soit renfermée, il n'est souvent pas facile de l'y distinguer. »

Des paroles si pleines de raison m'autoriseraient à rechercher si les calculs de notre confrère, destinés à établir l'immense antiquité des tables indiennes, sont à l'abri de toute critique. Mais la question a été suffisamment discutée dans un passage de *l'Exposition du système du monde*, sur lequel il serait inutile d'insister. Ce qui sortait de la plume de M. de Laplace était toujours marqué au coin de la raison et de l'évidence.

Dans les premières lignes de son magnifique ouvrage, après avoir remarqué que « l'histoire de l'astronomie forme une partie essentielle de l'histoire de l'esprit humain», Bailly observe « qu'elle est peut-être la vraie mesure de l'intelligence de l'homme, et la preuve de ce qu'il peut faire avec du temps et du génie. » Je me permettrai d'ajouter qu'aucune étude n'offre aux esprits réfléchis de plus piquants, de plus curieux rapprochements.

Lorsque, par des mesures dans lesquelles l'évidence de la méthode marche l'égale de la précision des résultats, le volume de la terre est réduit à moins de la millionième partie du volume du soleil ; lorsque le soleil lui-même, transporté dans la région des étoiles, va prendre une très-modeste place parmi les milliards de ces astres que le télescope a signalés ; lorsque les 38 millions de lieues qui séparent la terre du soleil sont devenus, à raison de leur petitesse comparative, une base totalement impropre à la recherche des dimensions du monde visible ; lorsque la vitesse même des rayons lumineux (77,000 lieues par seconde) suffit à peine aux évaluations ordinaires de la science ; lorsque, enfin, par un enchaînement de preuves irrésistibles, certaines étoiles sont reculées jusqu'à des distances que la lumière ne franchirait pas en moins d'un million d'années, nous restons comme anéantis sous de telles immensités. En donnant à l'homme, à la planète qu'il habite, une si petite place dans le monde matériel, l'astronomie semble vraiment n'avoir fait de progrès que pour nous humilier.

Si, envisageant ensuite la question d'un autre point de vue, on réfléchit sur la faiblesse extrême des moyens naturels à l'aide desquels tant de grands problèmes ont été abordés et résolus ; si l'on considère que, pour saisir et mesurer la plupart des quantités formant aujourd'hui la base des calculs astronomiques, l'homme a dû beaucoup perfectionner le plus délicat de ses organes, ajouter immensément à la puissance de son œil ; si l'on remarque qu'il ne lui était pas moins nécessaire de découvrir des méthodes propres à mesurer de très-longs intervalles de temps jusqu'à la précision des dixièmes de seconde ; de combattre les plus microscopiques effets que des variations continuelles de température produisent sur les métaux, et, dès lors, sur tous les instruments ; de se garantir des illusions sans nombre que sème sur sa route l'atmosphère froide ou chaude, sèche ou humide, tranquille ou agitée, à travers laquelle se font inévitablement les observations ; l'être débile reprend tous ses avantages : à côté de ces œuvres merveilleuses de l'esprit, qu'importent la faiblesse, la fragilité de notre corps ; qu'importent les dimensions de la planète, notre demeure, du grain de sable sur lequel il nous est échu d'apparaître quelques instants !

Ces mille et mille questions, sur lesquelles l'astronomie a répandu ses éblouissantes clartés, appartiennent à deux catégories entièrement distinctes : les unes s'offraient naturellement à la pensée, et l'homme n'a eu qu'à chercher les moyens de les résoudre ; les autres, suivant la belle expression de Pline, étaient enveloppées dans la majesté de la nature. Quand Bailly pose dans son livre ces deux genres de problèmes, c'est avec la sûreté, la profondeur d'un astronome consommé ; quand il en fait ressortir l'importance, l'immensité, c'est toujours avec le talent d'un écrivain du premier ordre ; c'est quelquefois avec une éloquence entraînante. Si, dans le bel ouvrage de notre confrère, l'astronomie assigne inévitablement à l'homme une place imperceptible dans le monde matériel, elle lui décerne, d'autre part, une place immense dans le monde des idées. Les écrits qui, appuyés sur les déductions invincibles de la science, élèvent ainsi l'homme à ses propres yeux, trouveront des lecteurs reconnaissants dans tous les pays et dans tous les siècles.

Bailly avait envoyé, en 1775, le premier volume de son histoire à Voltaire. En le remerciant de son cadeau, l'illustre vieillard adressa à notre confrère une de ces lettres comme lui seul savait les écrire, où des formes spirituelles, flatteuses, s'alliaient toujours sans effort à une haute raison.

« J'ai bien des grâces à vous rendre, disait le patriarche de Ferney ; car, ayant reçu le même jour un gros livre de médecine et le vôtre, lorsque j'étais encore malade, je n'ai point ouvert le premier, j'ai déjà lu le second presque tout entier, et je me porte mieux. »

Voltaire avait lu, en effet, l'ouvrage de Bailly la plume à la main, et il proposait à l'illustre astronome des difficultés qui témoignaient à la fois de sa perspicacité infinie et d'une étonnante variété de connaissances. Bailly sentit alors la nécessité de développer des idées qui, dans son *Histoire de l'astronomie ancienne,* n'étaient qu'un accessoire à un objet principal. Tel fut le but du volume qu'il publia, en 1776, sous le titre de *Lettres sur l'origine des sciences et sur celle des peuples de l'Asie, adressées à M. de Voltaire.* L'auteur avertissait modestement « que, pour amener le lecteur, par l'intérêt du style, à l'intérêt de la question discutée », il placerait à la tête de son ouvrage trois lettres de l'auteur de

Mérope, et il protestait contre l'idée qu'on lui avait prêtée de jouer avec des paradoxes.

Suivant Bailly, les peuples actuels de l'Asie seraient les héritiers d'un peuple antérieur qui avait une astronomie perfectionnée. Ces Chinois, ces Indous, si renommés par leur savoir, auraient été ainsi de simples dépositaires ; il faudrait leur retirer le titre d'inventeurs. Certains faits astronomiques, retrouvés dans les annales de ces nations méridionales, paraissent appartenir à une latitude assez élevée. On arrivait par cette voie à trouver sur le globe la patrie du peuple primitif, à constater, contre l'opinion reçue, que les lumières sont venues du nord vers le midi.

Bailly trouvait encore que les anciennes fables, considérées physiquement, semblent appartenir au nord de la terre.

En 1779, Bailly publia un second recueil, faisant suite au premier, intitulé : *Lettres sur l'Atlantide de Platon et sur l'ancienne histoire de l'Asie.*

Voltaire mourut avant que ces nouvelles lettres lui eussent été communiquées. Bailly ne pensa pas que cette circonstance dût faire changer la forme de la discussion déjà employée une première fois : c'est toujours à Voltaire qu'il parle.

Le philosophe de Ferney trouvait singulier qu'on n'eût aucune nouvelle de cet ancien peuple qui, suivant Bailly, avait instruit les Indiens. Le célèbre astronome, pour répondre à la difficulté, entreprend de prouver que des peuples ont disparu, sans que leur existence nous soit connue autrement que par des traditions. Il en cite cinq, et, au premier rang, les Atlantes.

Aristote disait de l'Atlantide, qu'il croyait une fiction de Platon : « Celui qui l'a créée l'a détruite, comme les murailles qu'Homère a bâties et fait disparaître sur le rivage de Troie. » Bailly ne partage pas ce scepticisme. Suivant lui, Platon parlait sérieusement aux Athéniens d'un peuple savant, policé, mais détruit et oublié. Seulement, il repousse bien loin l'opinion que les Canaries soient les restes de l'ancienne patrie, actuellement engloutie, des Atlantes. Ce peuple, Bailly le place au Spitzberg, au Groënland, à la Nouvelle-Zemble, dont le climat aurait changé. Il faudrait aussi chercher le jardin des Hespérides, près du pôle ; enfin, la fable du phénix serait née près du golfe de l'Obi, dans une région supposant, chaque année, une absence du soleil de soixante-cinq jours.

On voit, dans maint passage, que Bailly s'étonne lui-même de la singularité de ses conclusions, et craint que les lecteurs ne les prennent pour des jeux d'esprit. Aussi s'écrie-t-il : « Ma plume ne trouverait point d'expressions pour des pensées que je ne croirais pas vraies. » Ajoutons qu'aucun effort ne lui coûte. Bailly appelle successivement à son aide l'astronomie, l'histoire, appuyées sur l'érudition la plus vaste, la philologie, les systèmes de Mairan, de Buffon, relativement à la chaleur propre de la Terre. Il n'oublie pas, pour me servir de ses propres paroles, « que dans l'espèce humaine, encore plus sensible que curieuse, plus avide de plaisir que d'instruction, rien ne plaît généralement et longtemps que par l'agrément du style ; que la vérité sèche est tuée par l'ennui ! » Et, cependant, Bailly fait peu de prosélytes ; et une sorte d'instinct détermine les hommes de science à dédaigner les fruits d'un travail si persévérant ; et d'Alembert va jusqu'à les taxer de pauvretés ; jusqu'à parler d'idées creuses, de vains et ridicules efforts ; jusqu'à appeler Bailly, à l'occasion de ses Lettres, le *frère illuminé*. Voltaire est, au contraire, convenable et très-académique dans ses rapports avec notre confrère. La renommée des brahmanes lui est chère ; mais cela ne l'empêche pas de discuter avec soin les preuves, les arguments de l'ingénieux astronome. C'est aussi à un examen sérieux qu'on pourrait se livrer aujourd'hui. Le voile mystérieux qui, du temps de Bailly, couvrait l'Orient, est en grande partie levé. Nous connaissons maintenant, dans tous ses détails, l'astronomie des Chinois et celle des Indous. Nous savons jusqu'à quel point ces derniers avaient poussé leurs connaissances mathématiques. La théorie de la chaleur centrale a fait en peu d'années des progrès inespérés ; enfin, la philologie comparée, prodigieusement étendue par les inappréciables travaux des Sacy, des Rémusat, des Quatremère, des Burnouf, des Stanislas Julien, a jeté de vives clartés sur des questions d'histoire et de géographie où régnait une obscurité profonde. Armé de tous ces nouveaux moyens d'investigation, on pourrait établir aisément que les systèmes relatifs à un ancien peuple inconnu, premier créateur de toutes les sciences, et à la patrie des Atlantes, reposent sur des fondements sans solidité. Cependant, si Bailly vivait encore, nous ne serions que justes en lui disant, comme Voltaire, avec la seule modification d'un temps du verbe : « Vos deux livres *étaient*, Monsieur, des trésors de la plus profonde érudition et des conjectures les plus ingénieuses, ornées d'un style véritablement éloquent, qui est toujours convenable au sujet. »

PREMIÈRE ENTREVUE DE BAILLY ET DE FRANKLIN. — SON ENTRÉE À L'ACADÉMIE FRANÇAISE EN 1783. — SON DISCOURS DE RÉCEPTION. — SA RUPTURE AVEC BUFFON.

Bailly devint l'ami particulier, l'ami intime de Franklin, à la fin de 1777. Les relations personnelles de ces deux hommes d'élite commencèrent de la plus étrange manière.

Un des membres les plus illustres de l'Institut, Volney, disait en revenant du Nouveau Monde : « Les Anglo-Américains taxent les Français de légèreté, d'indiscrétion, de babil. » (Volney, préface du *Tableau du climat des États-Unis.*) Telle est l'impression, à mon avis très-erronée, du moins par comparaison, sous laquelle l'ambassadeur Franklin arrivait en France. Tout le monde sait qu'il descendit à Chaillot. Habitant de la commune, Bailly croit devoir rendre visite, sans retard, à l'hôte illustre qu'elle vient de recevoir. Il se fait annoncer ; Franklin, qui le connaissait de réputation, l'accueille d'un air très-cordial et échange avec son visiteur ces huit ou dix paroles que tout le monde prononce en pareille circonstance. Bailly s'assied auprès du philosophe américain, et, par discrétion, attend quelque question. Une demi-heure se passe, et Franklin n'a pas ouvert la bouche. Bailly tire sa tabatière, la présente à son voisin sans mot dire ; celui-ci fait signe de la main qu'il ne prend pas de tabac. L'entrevue muette se prolonge ainsi pendant une heure entière. Bailly se lève, enfin. Alors,

Franklin, comme transporté d'aise d'avoir trouvé un Français qui savait se taire, lui tend la main, la serre avec affection, en s'écriant : « Très-bien, monsieur Bailly, très-bien ! »

Après avoir rapporté l'anecdote telle que notre confrère se plaisait à la raconter, je crains vraiment qu'on ne me demande comment je l'envisage. Eh bien, Messieurs, le jour où la question sera posée ainsi, je répondrai que Bailly et Franklin, discutant ensemble, dès leur première entrevue, quelque question de science, m'eussent paru plus dignes l'un de l'autre que les deux acteurs de la scène de Chaillot. J'accorderai encore qu'on puisse en tirer cette conséquence, que les hommes de génie eux-mêmes ont quelquefois des travers ; mais j'ajouterai aussitôt que l'exemple sera sans danger, le mutisme n'étant pas un moyen efficace de faire valoir sa personne, ou de se singulariser d'une manière profitable.

Bailly fut nommé membre de l'Académie Française, à la place de M. de Tressan, en novembre 1783. Le même jour, M. de Choiseul-Gouffier succéda à d'Alembert. Grâce à la coïncidence des deux nominations, Bailly échappa aux sarcasmes que les académiciens en expectative ne manquent jamais de décocher, à tort ou à raison, contre tous ceux qui ont obtenu une double couronne. Cette fois, ils se ruèrent exclusivement sur le grand seigneur. L'astronome prit ainsi possession de sa nouvelle dignité sans soulever les orages habituels. Recueillons religieusement, Messieurs, dans les premières années de la vie de notre confrère, tout ce qui peut sembler une compensation anticipée aux épreuves cruelles que nous aurons à raconter plus tard.

L'entrée à l'Académie Française de l'éloquent auteur de l'*Histoire de l'astronomie*, fut plus difficile que ne peuvent le croire ceux qui remarquent à quelles minces productions certains écrivains anciens et modernes ont dû la même faveur. Bailly échoua trois fois. Fontenelle, avant lui, s'était inutilement présenté une fois de plus ; mais Fontenelle subit ces échecs successifs sans humeur et sans découragement. Bailly, au contraire, à tort ou à raison, voyant dans ces résultats défavorables du scrutin l'effet immédiat de l'inimitié de d'Alembert, s'en montrait affecté beaucoup plus peut-être que cela n'était séant pour un philosophe. Dans ces luttes, quelque peu envenimées, Buffon donna toujours à Bailly un appui cordial et habile.

Bailly prononça son discours de réception en février 1784. Les mérites de M. de Tressan y furent célébrés avec beaucoup de grâce et de finesse. Le panégyriste s'était identifié avec son sujet. Un public d'élite couvrit d'applaudissements divers passages où des idées justes, profondes, se montraient revêtues de toutes les pompes d'un style plein de force et d'harmonie.

Quelqu'un parla-t-il jamais avec plus d'éloquence de la puissance scientifique révélée par une découverte contemporaine ! Écoutez, Messieurs, et jugez :

« Ce que les sciences peuvent ajouter aux privilèges de l'espèce humaine n'a jamais été plus marqué qu'au moment où je parle. Elles ont acquis de nouveaux domaines à l'homme. Les airs semblent lui devenir accessibles comme les mers, et l'audace de ses courses égale presque l'audace de sa pensée. Le nom de Montgolfier, ceux des hardis navigateurs de ce nouvel élément, vivront dans les âges ; mais, qui de nous, au spectacle de ces superbes expériences, n'a pas senti son âme s'élever, ses idées s'étendre, son esprit s'agrandir ? »

Je ne sais, tout balancé, si les satisfactions d'amour propre qui peuvent être attachées à des titres académiques, à des succès dans ces réunions publiques et solennelles, dédommagèrent complètement Bailly des peines de cœur qu'il éprouva dans sa carrière d'homme de lettres.

Des liens d'une tendre et douce intimité s'étaient établis entre le grand naturaliste Buffon et le célèbre astronome. Une nomination académique les brisa. Vous le savez, Messieurs ; au milieu de nous, une nomination, c'est la pomme de discorde : malgré les vues les plus divergentes, chacun croit alors agir dans le véritable intérêt des sciences ou des lettres ; chacun s'imagine être placé sur les voies de la stricte justice ; chacun cherche activement à faire des prosélytes. Jusque-là, tout est légitime. Ce qui l'est beaucoup moins, c'est d'oublier qu'un vote est un jugement, et qu'en ce sens, l'académicien, comme le magistrat, peut dire au solliciteur, académicien ou autre : « Je rends des arrêts, et non pas des services. »

Malheureusement, des considérations de ce genre, malgré leur justesse, devaient faire peu d'impression sur l'esprit absolu et altier de Buffon. Ce grand naturaliste voulait faire nommer l'abbé Maury ; son confrère, Bailly, croyait devoir voter pour Sedaine. Plaçons-nous dans le cours ordinaire des choses, et il semblera difficile de voir dans ce désaccord une cause suffisante de rupture entre deux hommes supérieurs. *La Gageure imprévue* et *le Philosophe sans le savoir* balançaient largement le bagage, alors très-léger, de Maury. Le poëte comique atteignait déjà sa soixante-sixième année ; l'abbé était jeune. Le caractère élevé, la conduite irréprochable de Sedaine, pouvaient, sans désavantage, être mis en parallèle avec ce que le public connaissait du caractère, de la vie publique et de la vie privée du futur cardinal. Où donc l'illustre naturaliste avait-il pris des inclinations si vives pour Maury, des antipathies si ardentes pour Sedaine ? Peut-être croira-t-on que ce fut dans des préjugés nobiliaires ? Il ne serait pas, en effet, impossible que M. le comte de Buffon eût entrevu instinctivement, avec quelque répugnance, sa prochaine confraternité avec un ancien tailleur de pierres ; mais Maury n'était-il pas le fils d'un cordonnier ? Ce très-petit incident de notre histoire littéraire semblait donc devoir rester dans l'obscurité ; le hasard m'en a, je crois, donné la clef :

Vous vous rappelez, Messieurs, cet aphorisme cité sans cesse, et dont Buffon se montrait si fier :

« Le style, c'est l'homme. »

J'ai découvert que Sedaine en avait fait la contrepartie. L'auteur de *Richard Cœur de Lion* et du *Déserteur* disait, lui :

« Le style, ce n'est rien ou c'est peu de chose ! »

Placez, par la pensée, cette hérésie sous les yeux de l'immortel écrivain dont les jours et les nuits se passaient à polir son style, et si vous me demandez ensuite pourquoi il détestait Sedaine, j'aurai le droit de répondre : Vous ne connaissez pas le cœur humain.

Bailly résista fermement aux sollicitations impérieuses de son ancien protecteur, et même à la demande de s'absenter de l'Académie le jour de la nomination. Il n'hésita pas à sacrifier les douceurs et les avantages d'une amitié illustre à l'accomplissement d'un devoir ; il répondit à celui qui voulait être maître : « je veux être libre. » Honneur à lui !

L'exemple de Bailly avertit les timides de ne jamais écouter de simples prières, quelle qu'en soit la source ; de ne céder qu'à de bons arguments. Ceux qui ont assez peu songé à leur propre tranquillité pour s'immiscer dans les élections académiques un peu plus que par un vote silencieux et secret, verront, de leur côté, dans la noble et pénible résistance d'un homme honnête, combien ils se rendent coupables en essayant de substituer l'autorité à la persuasion ; en voulant soumettre la conscience à la reconnaissance.

À l'occasion d'un désaccord de même nature, l'astronome Lemonnier, de l'Académie des sciences, dit un jour à Lalande, son confrère et son ancien élève : « Je vous enjoins de ne plus mettre les pieds chez moi pendant une demi-révolution des nœuds de l'orbite lunaire. » Tout calcul fait, c'était neuf ans. Lalande se soumit à la punition avec une exactitude vraiment astronomique ; mais le public, malgré la forme scientifique de la sentence, la trouva d'une excessive sévérité. Que dira-t-on, alors, de celle qui fut prononcée par Buffon : « Nous ne nous verrons plus, Monsieur ? » Ces paroles sembleront à la fois bien dures et bien solennelles, car elles étaient amenées par un dissentiment sur le mérite comparatif de Sedaine et de l'abbé Maury. Notre confrère sut se résigner à cette séparation, et ne laissa jamais rien deviner de son juste mécontentement. Je puis même remarquer que depuis cette rupture brutale, il se montra plus attentif que jamais à saisir les occasions de rendre un légitime hommage aux lumières et à l'éloquence du Pline français.

RAPPORT SUR LE MAGNÉTISME ANIMAL.

Nous allons voir maintenant l'astronome, l'érudit, le littérateur, aux prises avec les passions de toute nature qu'engendra la question si fameuse du magnétisme animal.

Au commencement de l'année 1778, un médecin allemand vint s'établir à Paris. Ce médecin ne pouvait manquer de réussir auprès de ce qu'on appelait alors la haute société : il était étranger. Son gouvernement l'avait expulsé ; on lui imputait des actes d'une effronterie, d'un charlatanisme sans exemple.

Le succès, néanmoins, dépassa toutes les prévisions. Les Gluckistes et les Piccinistes eux-mêmes oublièrent leurs différends pour s'occuper exclusivement du nouveau venu.

Mesmer, puisqu'il faut l'appeler par son nom, prétendait avoir découvert un agent jusque-là totalement inconnu aux hommes de l'art et aux physiciens : un fluide universellement répandu, et, à ce titre, servant de moyen de communication et d'influence entre les globes célestes ; un fluide susceptible de flux et de reflux, qui s'introduisait plus ou moins abondamment dans la substance des nerfs et les affectait d'une manière utile : de là le nom de *magnétisme animal* donné à ce fluide.

« Le magnétisme animal, disait Mesmer, peut être accumulé, concentré, transporté, sans le secours d'aucun corps intermédiaire. Il se réfléchit comme la lumière ; les sons musicaux le propagent et l'augmentent. »

Des propriétés aussi nettes, aussi précises, semblaient devoir être susceptibles de vérifications expérimentales. Il fallait donc prévoir les cas de non-réussite, et Mesmer se donna bien garde d'y manquer ; voici sa déclaration : « Quoique le fluide soit universel, tous les corps animés ne se l'assimilent pas au même degré ; il en est, quoiqu'en très-petit nombre, qui, par leur seule présence, détruisent tous les effets de ce fluide dans les autres corps. »

Dès que ceci était admis, dès qu'on se donnait la faculté d'expliquer le manque de réussite par la présence de corps neutralisants, Mesmer ne courait plus le risque d'être embarrassé. Rien ne l'empêchait d'annoncer en toute sûreté « que le magnétisme animal pouvait guérir immédiatement les maux de nerfs et médiatement les autres ; qu'il donnait au médecin le moyen de juger avec certitude l'origine, la nature et le progrès des maladies les plus compliquées ; que la nature offrait enfin, dans le magnétisme, un moyen universel de guérir et de préserver les hommes. »

Avant de quitter Vienne, Mesmer avait communiqué ses idées systématiques aux principales sociétés savantes de l'Europe. L'Académie des sciences de Paris, la Société royale de Londres, ne jugèrent pas à propos de répondre. L'Académie de Berlin examina le travail, et écrivit à Mesmer qu'il était dans l'erreur.

Mesmer, quelque temps après son arrivée à Paris, essaya de nouveau de se mettre en rapport avec l'Académie des sciences. Cette compagnie accepta même un rendez-vous. Mais, au lieu de vaines paroles qu'on leur offrait, les académiciens demandèrent des expériences. Mesmer trouva, je cite ses expressions, que c'était un enfantillage ; et la conférence n'eut pas d'autre suite.

La société royale de médecine, appelée à juger du mérite des prétendues guérisons opérées par le docteur autrichien, pensa que ses commissaires ne pourraient pas donner un avis motivé « sans avoir auparavant constaté l'état des malades par un examen fait avec soin. » Mesmer repoussa une prétention si naturelle, si raisonnable. Il voulait que les commissaires se contentassent de la parole d'honneur des malades et d'attestations. De ce côté encore, des lettres dignes et sévères de Vicq-d'Azyr mirent fin à des communications qui devaient rester sans résultat.

La Faculté de médecine montra, ce nous semble, moins de sagesse. Elle refusa de rien examiner ; elle procéda même en forme contre un de ses docteurs régents qui s'était associé, disait-elle, à la charlatanerie de Mesmer.

Ces infructueux débats prouvaient avec évidence que Mesmer lui-même n'était bien sûr ni de sa théorie, ni de l'efficacité des moyens de guérison qu'il mettait en usage. Néanmoins, le public se montra aveugle. L'engouement devint extrême. La société française parut un moment partagée en magnétiseurs et en magnétisés. D'un bout du royaume à l'autre, on voyait des agents de Mesmer qui, leur quittance à la main, mettaient les pauvres d'esprit à contribution.

Les magnétiseurs avaient eu l'adresse de faire entrevoir que les crises mesmériennes se manifestaient seulement chez les personnes douées d'une certaine sensibilité. Dès ce moment, pour ne pas être rangés parmi les insensibles, des hommes et des femmes se donnèrent, près du baquet, les apparences d'épileptiques.

Le père Hervier n'était-il pas réellement dans un des paroxysmes de cette maladie, lorsqu'il écrivait : « Si Mesmer eût vécu à côté de Descartes et de Newton, il leur aurait épargné bien des peines : ces grands hommes soupçonnaient l'existence du fluide universel ; Mesmer a découvert les lois de son action. »

Court de Gébelin se montra plus étrange encore. La nouvelle doctrine devait naturellement le séduire par ses rapports avec quelques pratiques mystérieuses de l'antiquité ; mais l'auteur du *Monde primitif* ne se contenta pas d'écrire en faveur du mesmérisme avec l'enthousiasme d'un apôtre. Des douleurs affreuses, de violents chagrins, lui rendaient la vie insupportable ; Gébelin voyait arriver sa fin avec satisfaction, et, dès lors, il demandait avec instance qu'on ne le transportât point chez Mesmer, où certainement « il ne pourrait pas mourir. » Disons en passant que ces prières ne furent pas écoutées, et que Gébelin expira pendant qu'on le magnétisait.

La peinture, la sculpture, la gravure reproduisaient à l'envi les traits du thaumaturge. Les poëtes faisaient des vers destinés à être inscrits sur les piédestaux des bustes ou au bas des portraits. Ceux de Palissot méritent d'être cités comme un des plus curieux exemples des licences poétiques :

> Le voilà, ce mortel, dont le siècle s'honore,
> Par qui sont replongés au séjour infernal
> Tous les fléaux vengeurs que déchaîna Pandore ;
> Dans son art bienfaisant il n'a pas de rival,
> Et la Grèce l'eût pris pour le dieu d'Épidaure.

L'enthousiasme en vers ayant été ainsi jusqu'aux dernières limites, l'enthousiasme en prose n'avait qu'un moyen de se faire remarquer : la violence. N'est-ce pas ainsi qu'il faut caractériser ces paroles de Bergasse : « Les adversaires du magnétisme animal sont des hommes qu'il faudra bien vouer un jour à l'exécration de tous les siècles et au mépris vengeur de la postérité. »

Il est rare que de la violence en paroles on n'aille pas aux voies de fait. Ici, tout marcha suivant le cours naturel des choses. Nous savons, en effet, que des admirateurs furieux de Mesmer tentèrent d'étouffer Berthollet dans l'angle d'une des pièces du Palais-Royal, pour avoir dit naïvement que les scènes dont il avait été témoin ne lui semblaient pas démonstratives. Nous tenons cette anecdote de Berthollet lui-même.

Les prétentions du médecin allemand augmentaient avec le nombre de ses adhérents. Pour le décider à donner, à trois savants seulement, la permission d'assister à ses séances,

M. de Maurepas lui offrit, au nom du roi, 20,000 francs de rentes viagères et 10,000 francs annuels pour frais de logement. Mesmer n'accepta pas cette offre. Il demanda, à titre de récompense nationale, un des plus beaux châteaux des environs de Paris et toutes ses dépendances territoriales.

Irrité de voir cette prétention repoussée, Mesmer quitta la France en la vouant avec colère au déluge de maux dont il eût été en son pouvoir de la préserver. Dans une lettre écrite à Marie-Antoinette, le thaumaturge déclarait avoir refusé les offres du gouvernement par austérité.

Par austérité ! ! ! faut-il donc croire, comme on le prétendit dans le temps, que Mesmer ignorait entièrement notre langue ; qu'à cet égard ses méditations s'étaient exclusivement concentrées sur le vers célèbre :

> Les sots sont ici-bas pour nos menus plaisirs ?

Au reste, l'austérité de Mesmer ne l'empêcha pas d'éprouver la plus violente colère, lorsqu'il apprit à Spa que Deslon continuait à Paris les traitements magnétiques. Il revint en toute hâte. Ses partisans l'accueillirent avec enthousiasme, et organisèrent une souscription à 100 louis par tête, qui produisit sans retard près de 400,000 francs. On trouve aujourd'hui avec quelque surprise parmi les noms des souscripteurs, ceux de :

MM. de Lafayette, de Ségur, d'Éprémesnil.

Mesmer quitta une seconde fois la France vers la fin de 1781, en quête d'un gouvernement appréciateur plus éclairé des esprits supérieurs. Il laissa derrière lui un grand nombre d'adeptes ardents et tenaces, dont les démarches importunes déterminèrent enfin le gouvernement à soumettre directement les prétendues découvertes magnétiques à l'examen de quatre médecins de la Faculté de Paris. Ces médecins distingués sollicitèrent l'adjonction de quelques membres de l'Académie des sciences. M. de Breteuil désigna alors MM. Le Roy, Bory, Lavoisier, Franklin et Bailly pour faire partie de la Commission mixte. Bailly, enfin, fut nommé rapporteur.

Le travail de notre confrère parut dans le mois d'août 1784. Jamais question complexe ne se trouva réduite à ses traits caractéristiques avec plus de finesse et de tact ; jamais plus de modération ne présida à un examen que des passions personnelles semblaient rendre impossible ; jamais sujet scientifique ne fut traité d'un style plus digne, plus limpide.

Rien n'égale la crédulité des hommes sur tout ce qui touche à leur santé. Cet aphorisme est de vérité éternelle. Il explique comment une portion du public est revenue aux pratiques mesmériennes ; comment je ferai une œuvre de circonstance en donnant aujourd'hui l'analyse détaillée du magnifique travail publié par notre confrère il y a soixante ans. Cette analyse montrera d'ailleurs à quel point étaient téméraires ceux qui, naguère, au sein d'une autre Académie, s'instituaient les défenseurs passionnés de vieilleries qu'on pouvait croire à jamais ensevelies dans l'oubli.

Les commissaires se transportent d'abord au traitement de M. Deslon, examinent le fameux baquet, le décrivent soigneusement, relatent les moyens employés pour exciter et pour diriger le magnétisme. Bailly fait ensuite le tableau varié et vraiment extraordinaire de l'état des malades. Son attention se porte principalement sur les convulsions qu'on désignait par le mot de *crise*. Il remarque que dans le nombre de personnes en crise, il y a toujours beaucoup de femmes et très-peu d'hommes ; il ne suppose d'ailleurs aucune tromperie, tient les phénomènes pour constatés, et passe à la recherche de leurs causes.

Suivant Mesmer et ses partisans, la cause des crises et des effets moins caractérisés résidait dans un fluide particulier. C'est à chercher des preuves de l'existence de ce fluide que les commissaires durent premièrement consacrer leurs efforts. En effet, disait Bailly : « Le magnétisme animal peut bien exister sans être utile, mais il ne peut être utile s'il n'existe pas. »

Le fluide magnétique animal n'est point lumineux et visible comme l'électricité ; il ne produit pas sur la nature inerte des effets marqués et manifestes à la vue comme le fluide de l'aimant ordinaire ; enfin, il n'a pas de goût. Quelques magnétiseurs prétendaient qu'il avait de l'odeur ; l'expérience souvent répétée montra qu'on s'était trompé. L'existence du prétendu fluide ne pouvait donc être constatée que par ses effets sur des êtres animés.

Des effets curatifs eussent jeté la commission dans un dédale inextricable, car la nature seule, sans aucun traitement, guérit beaucoup de maladies. Dans ce système d'observations, on n'aurait pu espérer de faire la part exacte du magnétisme, qu'après un très-grand nombre de cures, qu'après des essais longtemps répétés.

Les commissaires durent donc se borner aux effets momentanés du fluide sur l'organisme animal.

Ils se soumirent d'abord eux-mêmes aux expériences, mais en usant d'une précaution importante. « Il n'y a point, dit Bailly, d'individu, dans l'état de la meilleure santé, qui, s'il voulait s'écouter attentivement, ne sentît au dedans de lui une infinité de mouvements et de variations, soit de douleur infiniment légère, soit de chaleur dans les différentes parties de son corps... Ces variations, qui ont lieu dans tous les temps, sont indépendantes du magnétisme... Le premier soin des commissaires a dû être de ne pas se rendre trop attentifs à ce qui se passait en eux. Si le magnétisme est une cause réelle et puissante, elle n'a pas besoin qu'on y pense pour agir et se manifester ; elle doit, pour ainsi dire, forcer l'attention et se faire apercevoir d'un esprit distrait, même à dessein. »

Les commissaires magnétisés par Deslon n'éprouvèrent aucun effet. Aux sujets en santé succédèrent des malades pris dans tous les âges et dans les diverses classes de la société. Parmi ces malades, au nombre de quatorze, cinq éprouvèrent des effets. Sur les neuf autres, le magnétisme fut sans aucune action.

Le magnétisme, malgré de pompeuses annonces, ne pouvait plus déjà être considéré comme un indicateur certain des maladies.

Ici le rapporteur plaçait une remarque capitale : le magnétisme avait semblé sans action sur les personnes qui s'étaient soumises aux épreuves avec quelque incrédulité et sur les enfants. N'était-il pas permis de croire que chez les autres les effets obtenus provenaient d'une persuasion anticipée touchant la bonté de la méthode, et qu'on pourrait les attribuer à l'influence de l'imagination ? De là un nouveau système d'expériences. Il s'agissait de détruire ou de confirmer ce soupçon ; « il fallait déterminer jusqu'à quel point l'imagination influe sur nos sensations, et constater si elle pouvait être la cause, en tout ou en partie, des effets attribués au magnétisme. »

Rien de plus net, de plus démonstratif que cette portion du travail des commissaires. Ils se rendent, d'abord, chez le docteur Jumelin, lequel, par parenthèse, obtient les mêmes effets, les mêmes crises que Deslon et Mesmer, en magnétisant suivant une méthode entièrement différente, en ne s'astreignant à aucune distinction de pôles ; ils choisissent les sujets qui paraissent ressentir le plus fortement l'action magnétique, et mettent leur imagination en défaut en leur bandant les yeux de temps en temps.

Qu'arrive-t-il alors ?

Quand les sujets y voient, le siége des sensations est précisément l'endroit magnétisé ; quand on leur bande les yeux, ils placent ces mêmes sensations au hasard, dans des parties quelquefois très-éloignées de celles où le magnétiseur dirige son action. Le sujet, dont les yeux sont couverts, éprouve souvent des effets marqués, à une époque où on ne le magnétise pas, et reste, au contraire, impassible quand on le magnétise sans qu'il s'en doute.

Les personnes de toutes les classes offrent les mêmes anomalies. Un médecin instruit, soumis à ces expériences, « éprouve des effets quand on n'agit pas, et n'éprouve souvent rien quand on agit… Une fois, croyant à tort être magnétisé depuis dix minutes, le même docteur sentait aux lombes une chaleur qu'il comparait à celle d'un poêle. »

Des sensations éprouvées ainsi quand on ne magnétise pas, ne peuvent être évidemment que l'effet de l'imagination.

Les commissaires étaient des logiciens trop sévères pour s'en tenir à ces expériences. Ils venaient d'établir que l'imagination, chez certains individus, peut faire éprouver de la douleur, de la chaleur, même une chaleur considérable, dans toutes les parties du corps ; mais les pratiques mesmériennes faisaient plus : elles ébranlaient certains sujets au point de les faire tomber en convulsions. L'influence de l'imagination pouvait-elle aller jusque-là ?

De nouvelles expériences levèrent entièrement ce doute.

Un jeune homme ayant été conduit à Passy, dans le jardin de Franklin, on lui annonça que Deslon, qui l'avait amené, venait de magnétiser un arbre. Ce jeune homme parcourut le jardin et tomba en convulsions, mais ce ne fut pas sous l'arbre magnétisé : la crise le prit pendant qu'il tenait embrassé un autre arbre, non magnétisé, fort éloigné du premier.

Deslon choisit, dans le traitement des pauvres, deux femmes qui s'étaient fait remarquer par leur sensibilité autour du fameux baquet, et les conduisit à Passy. Ces femmes tombèrent en convulsions toutes les fois qu'elles se crurent magnétisées, quoiqu'elles ne le fussent pas. Chez Lavoisier, la célèbre épreuve de la tasse donna des résultats analogues. De l'eau naturelle engendra quelquefois des convulsions ; de l'eau magnétisée n'en produisit pas.

Il faudrait vraiment renoncer à l'usage de sa raison pour ne pas trouver dans cet ensemble d'expériences, si bien ordonnées, la preuve que l'imagination seule peut produire tous les phénomènes observés autour du baquet mesmérien, et que les procédés magnétiques, dépouillés des illusions de l'imagination, sont absolument sans effet. Les commissaires, cependant, reprennent la question sous cette dernière face, multiplient les essais, s'entourent de toutes les précautions possibles, et donnent à leur conclusion l'évidence des démonstrations mathématiques. Ils établissent enfin, expérimentalement, qu'un jeu d'imagination peut tout aussi bien amener la cessation des crises que les engendrer.

Prévoyant bien que les personnes dont l'esprit est inerte ou paresseux, s'étonneraient du rôle capital que les expériences des commissaires assignaient à l'imagination dans la production des phénomènes magnétiques, Bailly leur montre : le saisissement amenant un grand désordre dans les voies digestives ; le chagrin donnant la jaunisse ; la crainte du feu rendant l'usage des jambes à des paralytiques ; une forte attention arrêtant le hoquet ; la frayeur faisant blanchir les cheveux en un instant, etc.

Les attouchements mis en pratique dans les traitements mesmériens, comme auxiliaires du magnétisme proprement dit, n'exigeaient aucune expérience directe, dès que l'agent principal, dès que le magnétisme avait dis paru. Bailly s'est donc borné, sur ce point, à des considérations anatomiques et physiologiques, remarquables par la netteté et la précision. On lit aussi dans son rapport, avec un vif intérêt, des considérations ingénieuses sur les effets de l'imitation dans les assemblées de magnétisés. Bailly les compare à ceux des représentations théâtrales. « Voyez, dit-il, comme les impressions sont plus grandes lorsqu'il y a beaucoup de spectateurs, et surtout dans les lieux où on à la liberté d'applaudir. Ce signe des émotions particulières produit une émotion générale, que chacun partage au degré dont il est susceptible. C'est ce qu'on observe encore dans les armées un jour de bataille, quand l'enthousiasme du courage, comme les terreurs paniques, se propagent avec tant de rapidité. Le son du tambour et de la musique militaire, le bruit du canon, la mousqueterie, les cris, le désordre, ébranlent les organes, donnent aux esprits le même mouvement, et montent les imaginations au même degré. Dans cette unité d'ivresse, une impression manifestée devient universelle ; elle encourage à charger ou détermine à fuir. » Des exemples très-curieux des effets de l'imitation, terminent cette partie du rapport de Bailly.

Les commissaires examinaient enfin si les convulsions, effet de l'imagination ou du magnétisme, pouvaient être utiles, guérir ou soulager les personnes souffrantes. « Sans doute, disait le rapporteur, l'imagination des malades influe souvent beaucoup dans la cure de leurs maladies... Il est des cas où il faut tout troubler pour ordonner de nouveau... ; mais la secousse doit être unique..., tandis qu'au traitement public du magnétisme..., l'habitude des crises ne peut qu'être funeste. »

Cette pensée touchait aux considérations les plus délicates. Elle fut développée dans un rapport adressé au roi personnellement. Ce rapport devait rester secret, mais il a été publié depuis quelques années. On ne doit pas le regretter : le traitement magnétique, envisagé d'un certain côté, plaisait beaucoup aux malades ; ils sont maintenant avertis de tous ses dangers.

En résumé, le rapport de Bailly renverse de fond en comble une erreur accréditée. Ce service est considérable, mais il n'est pas le seul. En cherchant la cause imaginaire du magnétisme animal, on a constaté la puissance réelle que l'homme peut exercer sur l'homme, sans l'intermédiaire immédiat et démontré d'aucun agent physique ; on a établi « que les gestes et les signes les plus simples produisent quelquefois de très-puissants effets ; que l'action de l'homme sur l'imagination peut être réduite en art..., du moins à l'égard des personnes ayant la foi. » Ce travail a montré enfin comment nos facultés doivent être étudiées expérimentalement ; par quelle voie la psychologie pourra arriver un jour à se placer parmi les sciences exactes.

J'ai toujours regretté que les commissaires n'aient pas jugé à propos de joindre à leur beau travail un chapitre historique. L'immense érudition de Bailly lui aurait donné un prix inestimable. Je me figure aussi qu'en voyant les pratiques mesmériennes déjà en usage il y a plus de deux mille ans, le public se serait demandé si un intervalle de temps aussi long avait jamais été nécessaire pour mettre en crédit une chose bonne et utile. En se circonscrivant dans ce point de vue, quelques traits auraient suffi.

Plutarque, par exemple, serait venu en aide au rapporteur. Il lui aurait montré Pyrrhus guérissant, par des frictions opérées à l'aide de l'orteil de son pied droit, les maladies de la rate. Sans se livrer à un esprit d'interprétation outré, on eût pu se permettre de voir dans ce fait le germe du magnétisme animal. J'avoue qu'une circonstance aurait dérouté quelque peu l'érudit : c'était le coq blanc que le roi de Macédoine sacrifiait aux dieux avant de commencer ses frictions.

Vespasien, à son tour, aurait pu figurer parmi les prédécesseurs de Mesmer, à raison des cures extraordinaires qu'il opéra en Égypte par l'action de son pied. Il est vrai que la prétendue guérison d'une cécité ancienne, à l'aide d'un peu de salive du même empereur, serait venue jeter du doute sur la véracité de Suétone.

Il n'est pas jusqu'à Homère et Achille dont il n'eût été possible d'invoquer les noms. Joachim Camerarius prétendait, en effet, avoir vu sur un très-ancien exemplaire de l'*Iliade* des vers dont les copistes firent le sacrifice parce qu'ils ne les comprenaient pas, et dans lesquels le poëte parlait, non pas du talon d'Achille, sa célébrité depuis trois mille ans est bien établie, mais des propriétés médicales que possédait l'orteil du pied droit de ce même héros.

Ce que je regrette surtout, c'est le chapitre où Bailly aurait raconté comment certains adeptes de Mesmer avaient eu la prétention de magnétiser la lune, et de faire tomber ainsi en syncope, tel jour donné, tous les astronomes voués à l'observation de cet astre ; perturbation, pour le dire en passant, dont aucun géomètre, de Newton à Laplace, ne s'était avisé.

Le travail de Bailly porta le trouble, le dépit, la colère, parmi les mesmeriens. Il fut pendant plusieurs mois le point de mire de leurs attaques combinées. Toutes les provinces de France virent surgir des réfutations du célèbre rapport : quelquefois, sous la forme d'une discussion calme, décente, modérée ; ordinairement, avec tous les caractères de la violence, avec l'acrimonie du pamphlet.

Ce serait aujourd'hui peine perdue que d'aller arracher aux tablettes poudreuses de quelques bibliothèques spéciales des centaines de brochures dont les titres mêmes sont complétement oubliés. L'analyse impartiale de cette ardente polémique n'exige pas un pareil travail ; je crois, du moins, que j'arriverai au but en concentrant mon attention sur deux ou trois écrits qui, par la force des arguments, le mérite du style ou la réputation de leurs auteurs, ont laissé des traces dans le souvenir des hommes.

Au premier rang de cette catégorie d'ouvrages, figure l'élégante brochure que publia Servan, sous le titre de : *Doutes d'un provincial, proposés à messieurs les médecins commissaires chargés par le roi de l'examen du magnétisme animal.*

L'apparition de l'opuscule de Servan fut saluée, dans le camp des mesmériens, par des cris de triomphe et de joie. Les indifférents retombèrent dans le doute et la perplexité. Grimm écrivait, en novembre 1784 : « Il n'y a pas de cause désespérée. Celle du magnétisme semblait devoir succomber sous les attaques réitérées de la médecine, de la philosophie, de l'expérience et du bon sens… Eh bien, M. Servan, ci-devant procureur général à Grenoble, vient de prouver qu'avec de l'esprit on revient de tout, même du ridicule ! »

La brochure de Servan sembla dans le temps l'ancre de salut des mesmériens. Les adeptes lui empruntent encore aujourd'hui leurs principaux arguments. Voyons donc si réellement elle a ébranlé le rapport de Bailly.

Dès les premières lignes, le célèbre avocat général pose la question en termes qui manquent d'exactitude. À l'en croire, les commissaires étaient appelés à établir un parallèle entre le magnétisme et la médecine ; ils devaient « peser de part et d'autre les erreurs et les dangers ; indiquer avec un sage discernement ce qu'il convenait de conserver ou de retrancher dans les deux sciences. » Ainsi, d'après

Servan, l'art de guérir tout entier aurait été en question, et l'impartialité des médecins pouvait paraître suspecte. L'habile magistrat n'avait garde d'oublier, en pareille occurrence, l'éternelle maxime de droit : nul ne peut être juge et partie. Les médecins devaient donc se récuser.

Vient ensuite un légitime hommage aux académiciens non gradués, membres de la commission. « Devant Franklin et Bailly, dit l'auteur, tout genou doit fléchir. L'un a beaucoup inventé, l'autre a beaucoup retrouvé ; Franklin appartient aux deux mondes, et tous les siècles semblent appartenir à Bailly. » Mais s'armant ensuite, avec plus d'habileté que de droiture, de ces paroles loyales du rapporteur : « Les commissaires, surtout les médecins, ont fait une infinité d'expériences ; » il insinue sous toutes les formes que les académiciens acceptèrent un rôle entièrement passif. Mettant ainsi à l'écart les déclarations les plus formelles, feignant même d'oublier le nom, les titres du rapporteur, Servan ne voit plus devant lui qu'une seule classe d'adversaires, des docteurs régents de la Faculté de Paris, et il donne alors une pleine carrière à sa verve satirique. Il tient même à honneur qu'on ne croie pas à son impartialité. » Les médecins m'ont tué ; ce qu'il leur a plu de me laisser de vie ne vaut pas la peine, en vérité, que je cherche un terme plus doux... Depuis vingt ans, je suis toujours plus malade par les remèdes qu'on m'administre que par mes maux... Le magnétisme animal, fût-il une chimère, devrait être toléré ; il serait encore utile aux hommes, en sauvant plusieurs d'entre eux des dangers incontestables de la médecine vulgaire... Je désire que la médecine, tant accoutumée à se tromper, se trompe encore aujourd'hui, et que le fameux rapport ne soit qu'une grande erreur... » Au milieu de ces singulières déclarations, figurent par centaines des épigrammes beaucoup plus remarquables par leur tour ingénieux et piquant que par leur nouveauté. S'il était vrai, Messieurs, que le corps médical eût jamais essayé, pour en imposer sciemment au vulgaire, de cacher l'incertitude de ses connaissances, la fragilité de ses théories, le vague de ses conceptions, sous un jargon obscur et pédantesque, les immortels et joyeux sarcasmes de Molière n'auraient été qu'un acte de stricte justice. En tout cas, chaque chose à son temps ; or, vers la fin du XVIIIe siècle, les points de doctrine les plus délicats, les plus épineux, étaient discutés avec une entière bonne foi, avec une lucidité parfaite et d'un style qui a placé plusieurs membres de la Faculté au rang de nos meilleurs prosateurs. Servan, d'ailleurs, sort des limites d'une discussion scientifique, lorsque, sans prétexte d'aucune sorte, il accuse ses adversaires d'être antimesmériens par esprit de corps, et, qui pis est, par cupidité.

Servan est plus dans son droit lorsqu'il fait remarquer que les théories médicales aujourd'hui les mieux assises donnèrent lieu, en naissant, à des débats prolongés ; lorsqu'il rappelle que certains médicaments ont été tour à tour proscrits et recommandés avec passion ; l'auteur aurait même pu creuser plus profondément cette face de son sujet. Au lieu de quelques railleries sans portée, que ne nous montrait-il, par exemple, dans un pays voisin, deux médecins célèbres, Mead et Woodward, vidant, l'épée à la main, le différend qui venait de s'élever entre eux sur la manière de purger un malade ! Nous aurions entendu ensuite Woodward, percé d'outre en outre, roulant à terre et baigné dans des flots de sang, dire à son adversaire d'une voix éteinte : « Le coup est rude, et cependant je le préfère à votre médecine ! »

La vérité n'a pas seule le privilége de rendre les hommes passionnés. Telle était la légitime conséquence de ces vues rétrospectives. Je me demande maintenant si, en s'attachant à remettre cet aphorisme en lumière, l'avocat passionné du mesmérisme faisait preuve d'habileté !

Mettons, Messieurs, mettons à l'écart toutes ces attaques personnelles, toutes ces récriminations contre une science et ses desservants, qui, malheureusement, n'avaient pas réussi à rétablir la santé très-altérée du magistrat morose. Que restera-t-il dans sa brochure ? Deux chapitres, deux chapitres seulement, où le rapport de Bailly est examiné sérieusement. Les commissaires médecins et les membres de l'Académie n'avaient vu, dans les effets réels du mesmérisme que des produits de l'imagination. « Quelqu'un, s'écrie à ce sujet le célèbre magistrat, qui entendrait parler de cette proposition, croirait, avant de lire le rapport, que les commissaires ont traité et guéri, ou considérablement soulagé par l'imagination, de grosses tumeurs, des obstructions invétérées, des gouttes sereines, de bonnes paralysies. » Servan admettait, en effet, que le magnétisme avait opéré les cures les plus merveilleuses. Mais là était toute la question. Les guérisons admises, le reste coulait de source.

Ces guérisons, quelque incroyables qu'elles fussent, devaient être admises, dit-on, quand de nombreux témoins en certifiaient la vérité. Est-ce par hasard que les attestations manquèrent aux miracles du cimetière Saint-Médard ? Le conseiller au parlement Montgeron n'a-t-il pas consigné, dans trois gros volumes in-4°, les noms d'une multitude d'individus qui garantissaient, sur leur honneur d'illuminés, que la tombe du diacre Paris avait rendu la vue à des aveugles, l'ouïe à des sourds, la force à des paralytiques ; qu'elle guérit, en un clin d'œil, des rhumatismes goutteux, des hydropisies, des épilepsies, des phthisies, des abcès, des ulcères, etc. ? Ces attestations, quoique plusieurs émanassent de personnes distinguées, du chevalier Folard par exemple, empêchèrent elles les convulsionnaires de devenir la risée de l'Europe ? Ne vit-on pas la duchesse du Maine elle-même rire d'une de leurs prouesses dans ce couplet spirituel :

> Un décrotteur à la royale,
> Du talon gauche estropié,
> Obtint pour grâce spéciale,
> D'être boiteux de l'autre pié.

L'autorité, poussée à bout, ne fut-elle pas obligée d'intervenir au moment où la multitude allait pousser la folie jusqu'à essayer de ressusciter des morts ? Ne se souvienton pas, enfin, de ce distique si plaisant, affiché dans le temps sur la porte du cimetière de Saint-Médard :

> De par le roi, défense à Dieu
> D'opérer miracle en ce lieu !

Servan pouvait le savoir mieux que personne ; en matière de témoignage et sur des questions de fait complexes, la qualité doit toujours l'emporter sur la quantité ; ajoutons que la qualité ne résulte ni de titres nobiliaires, ni de la richesse, ni de la position sociale, ni d'un certain genre de célébrité. Ce qu'il faut chercher dans un témoin, c'est le calme de l'esprit et de l'âme ; ce sont des lumières, c'est une chose bien rare, malgré le nom qu'elle porte, le sens commun ; ce qu'il faut redouter surtout, c'est le goût inné de certaines personnes pour l'extraordinaire, le merveilleux, le paradoxal. Servan ne s'est nullement souvenu de ces préceptes dans la critique qu'il a faite de l'œuvre de Bailly.

Nous l'avons déjà remarqué, les commissaires de l'Académie et de la Faculté ne prétendirent pas que les réunions mesmériennes eussent été toujours sans effet. Ils virent seulement dans les crises de simples produits de l'imagination ; aucune sorte de fluide magnétique ne se révéla à eux. Je vais prouver que l'imagination a, de même, enfanté toute seule la réfutation que Servan a donnée de la théorie de Bailly. Vous niez, s'écrie M. l'avocat général, vous niez, messieurs les commissaires, l'existence du fluide auquel Mesmer a fait jouer un si grand rôle ! Moi, je soutiens, non-seulement que ce fluide existe, mais encore qu'il est l'intermédiaire à l'aide duquel toutes les fonctions vitales sont excitées ; j'affirme que l'imagination est un des phénomènes engendrés par cet agent ; que sa plus ou moins grande abondance dans tel ou tel de nos organes peut changer totalement l'état intellectuel normal des individus.

Tout le monde convient qu'un afflux trop prononcé du sang vers le cerveau produit un alourdissement de la pensée. Des effets analogues ou inverses pourraient évidemment être occasionnés par un fluide subtil, invisible, impondérable, par une sorte de fluide nerveux, ou de fluide magnétique, si on le préfère, qui circulerait dans nos organes. Aussi les commissaires se gardèrent-ils bien de parler à ce sujet d'impossibilité. Leur thèse était plus modeste : ils se contentaient de dire que rien ne démontrait l'existence d'un semblable fluide. L'imagination ne joua donc aucun rôle dans leur rapport, elle fit au contraire tous les frais de la réfutation de Servan.

Une chose beaucoup moins prouvée encore, s'il est possible, que toutes celles dont nous venons de parler, c'est l'action que le fluide magnétique de l'individu magnétisant aurait exercée sur le fluide de l'individu magnétisé.

Dans le magnétisme proprement dit, dans celui que les physiciens ont étudié avec tant de soin et de succès, les phénomènes sont constants. Ils se reproduisent exactement sous les mêmes conditions de forme, de durée et de quantité, quand certains corps mis en présence se retrouvent exactement dans les mêmes positions relatives. C'est là le caractère essentiel, nécessaire de toute action purement matérielle et mécanique. En était-il ainsi des prétendus phénomènes du magnétisme animal ? En aucune manière. Aujourd'hui, la crise naissait en quelques secondes ; le lendemain, il fallait des heures entières ; un autre jour enfin, les circonstances restant les mêmes, l'effet était absolument nul. Tel magnétiseur exerçait une vive action sur certain malade, et était absolument sans puissance sur un malade différent, lequel, au contraire, entrait en crise dès les premiers gestes d'un second magnétiseur. Au lieu d'un ou de deux fluides universels, il fallait donc, pour expliquer les phénomènes, admettre autant de fluides distincts et sans cesse agissants, qu'il existe dans le monde d'êtres animés ou inanimés.

La nécessité d'une pareille hypothèse renversait évidemment le mesmérisme jusque dans ses fondements ; les illuminés n'en jugèrent pas ainsi. Tous les corps devinrent des foyers d'émanations particulières, plus ou moins subtiles, plus ou moins abondantes et plus ou moins dissemblables. Jusque-là, l'hypothèse trouva peu de contradicteurs, même parmi les esprits rigides ; mais bientôt ces émanations corporelles individuelles furent douées, les unes relativement aux autres, sans la moindre apparence de preuves, soit d'un grand pouvoir d'assimilation, soit d'un antagonisme prononcé, soit enfin d'une complète neutralité ; mais on prétendit voir dans ces qualités occultes les causes matérielles des affections les plus mystérieuses de l'âme : oh ! alors, le doute dut légitimement s'emparer de tous les esprits à qui la marche sévère des sciences avait enseigné à ne point se payer de vaines paroles. Dans le système singulier que je viens de rappeler, lorsque Corneille disait :

> Il est des nœuds secrets, il est des sympathies,
> Dont par les doux rapports les âmes assorties
> S'attachent l'une à l'autre…

lorsque le célèbre jésuite espagnol Balthazar Gracian parlait de la parenté naturelle des esprits et des cœurs, ils faisaient allusion l'un et l'autre, et assurément sans le soupçonner, au mélange, à la pénétration, au croisement facile de deux atmosphères.

« Je ne t'aime pas, Sabidus, écrivait Martial, et je ne sais pourquoi : tout ce que je puis te dire, c'est que je ne t'aime pas. » Les mesmériens auraient facilement levé les doutes du poëte. Si Martial n'aimait pas Sabidus, c'est que leurs atmosphères ne pouvaient s'entremêler sans donner lieu à une sorte de tempête.

Plutarque nous apprend que le vainqueur d'Arminius tombait en défaillance à la vue d'un coq. L'antiquité s'étonna de ce phénomène. Quoi de plus simple, cependant : les émanations corporelles de Germanicus et du coq exerçaient l'une sur l'autre une action révulsive.

L'illustre biographe de Chéronée déclare, il est vrai, que la présence du coq n'était pas nécessaire, que son chant produisait précisément le même effet sur le fils adoptif de Tibère. Or, le chant s'entend de fort loin ; le chant aurait donc la propriété de transporter dans l'espace et fort rapidement les émanations corporelles du roi de la basse-cour. La chose semblera peut-être difficile à croire. Moi, je trouve qu'il serait puéril de s'arrêter à une semblable difficulté : n'a-t-on pas sauté à pieds joints sur des objections bien autrement embarrassantes ?

Le maréchal d'Albret fut plus mal partagé encore que Germanicus : l'atmosphère qui le faisait tomber en syncope résidait dans la tête du marcassin. Un marcassin vivant, complet, entier, ne produisait pas d'effet ; mais en apercevant la tête de l'animal détachée du corps, le maréchal était comme frappé de la foudre. Vous le voyez, Messieurs, à quelles tristes épreuves les militaires devraient être soumis, si la théorie mesmérienne des conflits atmosphériques reprenait faveur. Il y aurait à se tenir soigneusement en garde contre un genre de ruse de guerre dont jusqu'ici personne ne s'était avisé, contre les coqs, contre les marcassins, etc., à l'aide desquels une armée pourrait être subitement privée de son chef. Il faudrait aussi éloigner du commandement « les personnages semblables à ceux qui, dit Montaigne, fuient la vue des pommes plus que les arquebusades. »

Ce n'est pas seulement entre les émanations corpusculaires des animaux vivants que les mesmériens établissaient des conflits. Ils étendaient sans hésiter leurs spéculations aux corps morts. Tes anciens ont-ils rêvé que la corde de boyau de loup ne peut jamais vibrer à l'unisson de la corde de boyau d'agneau ; un désaccord d'atmosphères rend le phénomène possible. C'est encore un conflit d'émanations corporelles qui explique cet autre aphorisme d'un ancien philosophe : « Le son d'un tambour fait avec une peau de loup ôte toute sonorité au tambour fait avec une peau de brebis. »

Je m'arrête, Messieurs. Montesquieu a dit :

« Quand Dieu créa les cervelles humaines, il n'entendit pas les garantir. »

En résumé, la brochure de Servan, spirituelle, piquante, écrite avec agrément, était digne sous ce triple rapport, de l'accueil dont le public l'honora, mais elle n'ébranlait dans aucune de ses parties le travail limpide, majestueux, élégant, de Bailly. Le magistrat de Grenoble avait, disait-il, rencontré dans sa longue expérience, des hommes habitués à réfléchir sans rire, et d'autres hommes qui ne demandaient qu'à rire sans réfléchir. C'est aux premiers que pensait Bailly en composant son mémorable Rapport. Les *Doutes d'un provincial* n'étaient destinés qu'aux autres.

Ce fut encore à ces hommes légers et rieurs que Servan s'adressait exclusivement, quelque temps après, s'il est vrai que les *Questions du jeune docteur Rhubarbini de Purgandis* soient de lui.

Rhubarbini de Purgandis n'y va pas de main morte. Pour lui, le Rapport de Franklin, de Lavoisier, de Bailly, est, dans la vie scientifique de ces savants, ce que les *Monades* furent pour Leibnitz, les *Tourbillons* pour Descartes, le *Commentaire sur l'Apocalypse* pour Newton. Cet échantillon peut faire juger du reste et rend toute réfutation superflue.

Le Rapport de Bailly renversa le fond en comble les idées, les systèmes, les pratiques de Mesmer et de ses adeptes ; ajoutons sincèrement qu'on n'a pas le droit de l'invoquer contre le somnambulisme moderne. La plupart des phénomènes groupés aujourd'hui autour de ce nom, n'étaient ni connus, ni annoncés en 1783. Un magnétiseur dit, assurément, la chose la moins probable du monde, quand il affirme que tel individu, à l'état de somnambulisme, peut tout voir dans la plus profonde obscurité ; qu'il peut lire au travers d'un mur, et même sans le secours des yeux. Mais l'improbabilité de ces annonces ne résulte pas du célèbre Rapport. Bailly ne mentionne de telles merveilles, ni en bien, ni en mal ; il n'en dit pas un seul mot. Le physicien, le médecin, le simple curieux, qui se livrent à des expériences de somnambulisme ; qui croient devoir rechercher si, dans certains états d'excitation nerveuse, des individus sont réellement doués de facultés extraordinaires, de la faculté, par exemple, de lire avec l'estomac ou le talon ; qui veulent savoir nettement jusqu'à quel point les phénomènes qu'annoncent avec tant d'assurance les magnétiseurs de notre époque, ne seraient pas du domaine des fourbes et des escamoteurs ; tous ceux-là, disons-nous, ne récusent nullement l'autorité de la chose jugée, ils ne se mettent réellement pas en opposition avec les Lavoisier, les Franklin, les Bailly ; ils pénètrent dans un monde entièrement nouveau, dont ces savants illustres ne soupçonnaient pas même l'existence.

Je ne saurais approuver le mystère dont s'enveloppent les savants sérieux qui vont assister aujourd'hui à des expériences de somnambulisme. Le doute est une preuve de modestie, et il a rarement nui aux progrès des sciences. On n'en pourrait pas dire autant de l'incrédulité. Celui qui, en dehors des mathématiques pures, prononce le mot *impossible,* manque de prudence. La réserve est surtout un devoir quand il s'agit de l'organisation animale.

Nos sens, malgré plus de vingt-quatre siècles d'études, d'observations, de recherches, sont loin d'être un sujet épuisé. Voyez, par l'exemple, l'oreille. Un physicien célèbre, M. Wollaston, s'en occupe ; aussitôt, nous apprenons qu'avec une égale sensibilité, relativement aux sons graves, tel individu entend les sous les plus aigus, et tel autre ne les entend pas du tout ; et il devient avéré que certains hommes, avec des organes parfaitement sains, n'entendirent jamais le grillon des cheminées ; ne se doutèrent point que les chauves-souris poussent souvent des cris très-aigus ; et l'attention une fois éveillée sur ces singuliers résultats, des observateurs ont trouvé les différences de sensibilité les plus étranges entre leur oreille droite et leur oreille gauche, etc., etc.

La vision offre des phénomènes non moins curieux et un champ de recherches infiniment plus vaste encore. L'expérience a prouvé, par exemple, qu'il existe des personnes absolument aveugles pour certaines couleurs, telle que le rouge, et qui jouissent d'une vision parfaite relativement au jaune, au vert et au bleu. Si le système newtonien de l'émission est vrai, il faut irrévocablement admettre qu'un rayon cesse d'être lumière dès qu'on diminue sa vitesse d'un dix-millième. De là découlent ces conjectures naturelles et bien dignes d'un examen expérimental : les hommes ne voient pas tous par les mêmes rayons ; des différences tranchées peuvent exister à cet égard chez le même individu, dans des états nerveux divers ; il est possible que les rayons calorifiques, les rayons obscurs de l'un, soient les rayons lumineux de l'autre, et réciproquement ; les rayons calorifiques traversent librement certaines substances, dites d'athermanes ; ces substances, jusqu'ici, avaient été appelées opaques, parce qu'elles ne transmettent aucun rayon communément lumineux ; aujourd'hui, les mots opaque et d'athermane n'ont rien d'absolu. Les corps d'athermanes laissent passer les rayons qui constituent la lumière de celui-ci ; ils arrêtent, au contraire, les rayons formant la lumière de celui-là. Peut-être trouvera-t-on sur cette voie la clef de plusieurs phénomènes restés jusqu'ici sans explication plausible.

Rien, dans les merveilles du somnambulisme, ne soulevait plus de doutes qu'une assertion très-souvent reproduite, touchant la propriété dont jouiraient certaines personnes à l'état de crise, de déchiffrer une lettre, à distance, avec le pied, avec la nuque, avec l'estomac. Le mot *impossible* semblait ici complétement légitime. Je ne doute pas, néanmoins, que les esprits rigides ne le retirent, après avoir réfléchi aux ingénieuses expériences dans lesquelles Moser produit aussi à distance des images très-nettes de toutes sortes d'objets, sur toutes sortes de corps, et dans la plus complète obscurité.

En se rappelant encore dans quelle proportion énorme les actions électriques ou magnétiques augmentent par l'acte du mouvement, on sera moins enclin à prendre en dérision les gestes rapides des magnétiseurs.

En consignant ici ces réflexions développées, j'ai voulu montrer que le somnambulisme ne doit pas être rejeté *à priori*, surtout par ceux qui se sont tenus au courant des derniers progrès des sciences physiques. J'ai indiqué des faits, des rapprochements, dont les magnétiseurs pourraient se faire une arme contre ceux qui croiraient superflu de tenter de nouvelles expériences ou même d'y assister. Pour moi, je n'hésite pas à le dire, quoique, malgré les possibilités que j'ai signalées, je n'admette les réalités de lectures, ni à travers un mur, ni à travers tout autre corps opaque, ni par la seule entremise du coude ou de l'occiput, je croirais manquer à mon devoir d'académicien si je refusais d'assister à des séances où de tels phénomènes me seraient promis, pourvu qu'on m'accordât assez d'influence dans la direction des épreuves, pour que je fusse certain de ne pas devenir victime d'une jonglerie.

Franklin, Lavoisier, Bailly, ne croyaient pas non plus au magnétisme mesmérien avant de devenir membres de la commission gouvernementale, et cependant on a pu remarquer avec quels soin minutieux, avec quel scrupule, ils varièrent les expériences. Les vrais savants doivent avoir constamment sous les yeux ces deux beaux vers :

> Croire tout découvert est une erreur profonde,
> C'est prendre l'horizon pour les bornes du monde.

NOMINATION DE BAILLY À L'ACADÉMIE DES INSCRIPTIONS.

En parlant d'une prétendue identité de l'Atlantide ou du royaume d'Ophir de Salomon avec l'Amérique, Bailly disait, dans sa quatorzième Lettre à Voltaire : « Ces idées étaient du siècle des érudits, et non du siècle des philosophes. » Ailleurs (dans la vingt et unième Lettre), on lisait ces mots : « Ne craignez point que je vous fatigue par une érudition pesante. » Avoir supposé que l'érudition peut être pesante et manquer de philosophie, c'était pour certains personnages du second ordre un crime irrémissible. Aussi les vit-on, excités par un sentiment haineux, s'armer du microscope, et chercher péniblement des inexactitudes dans les innombrables citations dont Bailly avait dû s'entourer. La moisson ne fut pas abondante ; cependant, ces fureteurs ardents parvinrent à découvrir quelques points faibles, quelques interprétations contestables. Leur joie alors ne connut plus de bornes. Bailly fut traité avec un superbe dédain : « Son érudition littéraire était très-superficielle ; il n'avait pas la clef du sanctuaire de l'antiquité ; les langues lui manquaient partout. »

Afin qu'on ne supposât pas qu'il pouvait être question, dans ces reproches, de littérature orientale, les adversaires de Bailly ajoutaient : « qu'il n'avait pas la moindre teinture des langues anciennes ; qu'il ne savait pas le latin. »

Il ne savait pas le latin ! Et ne voyez-vous pas, ennemis maladroits du grand astronome, que, s'il avait été possible de composer des ouvrages d'érudition tels que l'*Histoire de l'astronomie,* tels que les *Lettres sur l'Atlantide,* sans recourir aux textes originaux, en se servant exclusivement de traductions, vous n'auriez plus conservé la moindre importance dans le monde littéraire. Comment ne faisiez-vous pas la remarque que dépouiller Bailly, très-arbitrairement au reste, de la connaissance du latin, c'était démontrer l'inutilité de l'étude de cette langue pour devenir à la fois un des premiers écrivains et un des plus illustres savants de son époque ?

L'Académie des inscriptions et belles-lettres, bien loin de partager les rancunes puériles, les préjugés aveugles de quelques enfants perdus de l'érudition, appela Bailly dans son sein en 1785. Jusqu'alors, le seul Fontenelle avait eu l'honneur d'appartenir aux trois grandes Académies de France. Bailly se montra toujours très-glorieux d'une distinction qui associait son nom, d'une manière exceptionnelle, à celui de l'illustre écrivain dont les Éloges contribuèrent si puissamment à faire connaître, à faire respecter la science et les savants.

Indépendamment de cette considération toute spéciale, Bailly, membre de l'Académie française, devait d'autant mieux apprécier les suffrages de l'Académie des inscriptions, qu'il existait alors entre ces deux compagnies illustres un vif et inexplicable sentiment de rivalité. Les choses en étaient même venues à ce point, qu'en vertu de la délibération la plus solennelle de l'Académie des inscriptions, un de ses membres aurait cessé de lui appartenir, aurait été irrévocablement démissionnaire, s'il avait seulement tenté de se faire recevoir à l'Académie française ; que le roi ayant cassé cette délibération, quinze académiciens s'engagèrent, sous serment, à en observer néanmoins toutes les stipulations ; et qu'en 1783, Choiseul-Gouffier, qu'on accusait d'avoir adhéré aux principes des quinze confédérés et de s'être cependant laissé nommer par l'Académie rivale, fut sommé, par Anquetil, de comparaître, pour parole d'honneur violée, devant le tribunal des maréchaux de France.

Mais qu'on me permette ici cette remarque : les hommes supérieurs ont toujours eu le privilége de renverser, par la seule influence de leur nom, les obstacles que la routine, les préjugés et la jalousie voulaient opposer à la marche et à l'association des esprits.

RAPPORT SUR LES HÔPITAUX.

Des tribunaux scientifiques, prononçant en première instance en attendant le jugement définitif du public, étaient un des besoins de notre époque ; aussi, sans aucune prescription formelle de ses règlements successifs, l'Académie des sciences a-t-elle été graduellement amenée à faire examiner par des commissions tous les Mémoires qui lui sont présentés, et à statuer sur leur nouveauté, sur leur mérite, sur leur importance. Ce travail est ordinairement ingrat et sans gloire, mais le talent a d'immenses privilèges : chargez Bailly de ces simples rapports académiques, et leur publication deviendra un événement.

M. Poyet, architecte et contrôleur des bâtiments de la ville, présenta au gouvernement, dans le cours de l'an née 1785, un Mémoire où il s'efforçait d'établir la nécessité de déplacer l'Hôtel-Dieu et de construire un nouvel hôpital dans une autre localité. Ce Mémoire, soumis, par ordre du roi, au jugement de l'Académie, donna lieu directement ou indirectement à trois délibérations. Les académiciens commissaires étaient : Lassone, Tenon, Tillet, Darcet, Daubenton, Bailly, Coulomb, Laplace etLavoisier. Ce fut Bailly qui tint constamment la plume. Ses rapports ont joui d'une grande et juste célébrité. Les progrès des sciences permettraient peut-être aujourd'hui de modifier en quelques points les idées des illustres commissaires. Leurs vues sur le chauffage, sur la grandeur des salles, sur la ventilation, sur l'assainissement général, pourraient, par exemple, recevoir des améliorations réelles ; mais rien ne saurait ajouter aux sentiments de respect qu'inspire l'œuvre de Bailly. Quelle clarté d'exposition ! quelle netteté, quelle simplicité de style ! Jamais un auteur ne se mit aussi complétement à l'écart ; jamais il ne chercha plus sincèrement à faire triompher la cause sacrée de l'humanité. L'intérêt que Bailly porte aux pauvres est profond, mais toujours exempt d'apparat ; ses paroles sont modérées, pleines d'onction, là même où de vifs mouvements de colère et d'indignation eussent été légitimes. De la colère, de l'indignation ! Oui, Messieurs ; écoutez et prononcez !

J'ai cité les noms des commissaires. En aucun temps, dans aucun pays, on n'aurait pu réunir plus de savoir et de vertu. Ces hommes d'élite, se réglant en cela sur la logique la plus vulgaire, croyaient que la mission de se prononcer sur une réforme de l'Hôtel-Dieu entraînait la nécessité d'examiner cet établissement. « Nous avons demandé, disait leur interprète, nous avons demandé au bureau de l'administration qu'il nous fût permis de voir cet hôpital avec détails, et accompagnés de quelqu'un qui pût nous guider et nous instruire… ; nous avions besoin de divers éléments ; nous les avons demandés et nous n'avons rien obtenu. »

Nous n'avons rien obtenu ! Telles sont les tristes, les incroyables paroles que des hommes si dignes de respect sont obligés de tracer à la première ligne de leur Rapport !

Quelle était donc l'autorité qui se permettait ainsi de manquer aux plus simples égards envers des commissaires investis de la confiance du roi, de l'Académie et du public ? Cette autorité se composait de divers administrateurs (le type, dit-on, n'est pas entièrement perdu) qui regardaient les pauvres comme leur patrimoine, qui leur consacraient une activité désintéressée, mais improductive ; qui souffraient impatiemment toute amélioration dont le germe ne s'était pas développé dans leurs têtes ou dans celles de quelques hommes, philanthropes par naissance ou par privilége d'emploi. Ah ! si par des soins éclairés et constants le vaste asile ouvert près de Notre-Dame, à la pauvreté et à la douleur, avait été déjà amené, il y a soixante ans, à un état seulement tolérable, on aurait compris, en faisant la part de notre humaine espèce, que les promoteurs de ce grand bienfait eussent repoussé un examen qui semblait mettre en question leur zèle et leurs lumières. Mais, hélas ! prenons dans l'œuvre de Bailly quelques traits du tableau modéré et fidèle qu'il a fait de l'Hôtel-Dieu, et vous déciderez, Messieurs, si la susceptibilité des administrateurs était légitime ; si, au contraire, ils ne devaient pas aller eux-mêmes au-devant des secours inespérés que le pouvoir royal, uni à la science, venait alors leur offrir ; si, en retardant certaines améliorations d'un seul jour, on ne commettait pas le crime de lèse-humanité.

En 1786, on traitait à l'Hôtel-Dieu les infirmités de toute nature : maladies chirurgicales, maladies chroniques, maladies contagieuses, maladies des femmes, des enfants, etc. ; tout était admis, mais aussi tout présentait une inévitable confusion.

Un malade arrivant était souvent couché dans le lit et les draps du galeux qui venait de mourir.

L'emplacement réservé aux fous étant très-restreint, deux de ces malheureux couchaient ensemble. Deux fous sous les mêmes draps ! L'esprit se révolte en y songeant.

Dans la salle Saint-François, exclusivement réservée aux hommes attaqués de la petite-vérole, il y avait quelquefois, faute de place, jusqu'à six adultes ou huit enfants dans un lit qui n'avait pas 1 mètre 1/2 de large.

Les femmes atteintes de cette affreuse maladie se trouvaient réunies, dans la salle Sainte-Monique, à de simples fébricitantes ; celles-ci étaient livrées comme une inévitable proie à la hideuse contagion, dans le lieu même où, pleines de confiance, elles avaient espéré recouvrer la santé.

Les femmes enceintes, les femmes en couche étaient également entassées, pêle-mêle, sur des grabats étroits el infects.

Et qu'on ne croie pas que je vienne d'emprunter au Rapport de Bailly, des cas purement exceptionnels, appartenant à ces époques cruelles où les populations, victimes de quelque épidémie, sont éprouvées par delà toutes les prévisions humaines. Dans l'état habituel, les lits de l'Hôtel-Dieu, des lits qui n'avaient pas 1 mètre 1/2 de large, contenaient quatre et souvent six malades ; ils y étaient placés en sens inverse : les pieds des uns répondaient aux épaules des autres ; ils n'avaient chacun, pour leur quote-part d'espace, que 25 centimètres ; or, un homme de taille moyenne couché les bras appuyés et serrés le long du corps, a 48 centimètres de large vers les épaules. Les pauvres malades ne pouvaient donc se tenir au lit que sur le côté et dans une immobilité complète ; aucun ne se tournait sans heurter le voisin, sans le réveiller : aussi se concertaient-ils, tant que leur état le permettait, pour que les uns restassent levés dans la ruelle pendant une partie de la nuit, tandis que les autres dormaient ; aussi, lorsque les approches de la mort clouaient ces malheureux à leur place, trouvaient-ils encore la force de maudire énergiquement des secours qui, en pareille situation, pouvaient seulement prolonger une douloureuse agonie.

Mais ce n'était pas assez que des lits ainsi placés fussent une source de malaise, de dégoût ; qu'ils ôtassent le repos, le sommeil ; qu'une chaleur insupportable y fît naître, y propageât les maladies de la peau et une affreuse vermine ; que le fiévreux arrosât ses deux voisins d'une abondante sueur ; que lui-même, dans le moment critique, fût refroidi par les attouchements inévitables de ceux que l'accès devait saisir plus tard, etc. Des effets plus graves encore résultaient de la présence de plusieurs malades dans le même lit ; les aliments, les remèdes destinés à l'un, allaient très-souvent à l'autre ; enfin, Messieurs, dans ces lits à population multiple, les morts étaient pendant des heures, pendant des nuits entières, entremêlés avec les vivants. Le principal établissement de charité de Paris offrait ainsi ces accouplements affreux, que les poëtes de Rome, que les anciens historiens ont présentés, chez le roi Mézence, comme le dernier raffinement de la barbarie.

Tel était, Messieurs, l'état normal de l'ancien Hôtel-Dieu. Un mot, un seul mot dira ce qu'était l'état exceptionnel : alors, on plaçait des malades jusque sur les ciels de ces mêmes lits où nous avons trouvé tant de souffrances, tant de légitimes malédictions.

Jetons encore, Messieurs, avec notre illustre confrère, un coup d'œil sur la salle des opérations.

Cette salle était remplie de malades. Les opérations s'y faisaient en leur présence. « On y voit, disait Bailly, les préparatifs du supplice ; on y entend les cris du supplicié. Celui qui doit l'être le lendemain, a devant lui le tableau de ses souffrances futures ; celui qui a passé par cette terrible épreuve, doit être profondément remué et sentir renaître ses douleurs, à ces cris semblables aux siens ; et, ces terreurs, ces émotions, il les reçoit au milieu des accidents de l'inflammation ou de la suppuration, au préjudice de son rétablissement et au hasard de sa vie… À quoi sert, s'écrie justement Bailly, de faire souffrir un malheureux, si on n'a pas la probabilité de le sauver, si on n'augmente pas cette probabilité par toutes les précautions possibles ? »

Le cœur se serre, l'esprit reste confondu au spectacle de tant de misères ; et cependant cet hôpital, si peu en harmonie avec sa destination, existait encore il y a soixante ans. C'est dans une capitale, centre des arts, des lumières, des mœurs polies ; c'est dans un siècle renommé par le développement de la richesse publique, par les progrès du luxe, par la création ruineuse d'une foule d'établissements consacrés à des délassements, à des plaisirs mondains et futiles ; c'est à côté du palais d'un opulent archevêque ; c'est à la porte d'une somptueuse cathédrale, que les malheureux, sous le masque trompeur de la charité, éprouvaient de si affreuses tortures. À qui imputer la longue durée de cette organisation vicieuse, inhumaine ?

Aux hommes de l'art ? Non, non, Messieurs ! Par une inconcevable anomalie, les médecins, les chirurgiens n'exercèrent jamais sur l'administration des hôpitaux qu'une influence secondaire, subordonnée. Non, non, les sentiments du corps médical pour les pauvres ne pouvaient être mis en doute à une époque et dans un pays où le médecin Petit (Antoine) répondait à la reine Marie-Antoinette irritée : « Madame, si je ne vins pas hier à Versailles, c'est que je fus retenu auprès d'une paysanne en couche, qui était dans le plus grand danger. Votre Majesté se trompe, d'ailleurs, quand elle prétend que j'abandonne le dauphin pour les pauvres : j'ai, jusqu'ici, traité le jeune enfant avec autant d'attention et de soin que s'il était le fils d'un de vos palefreniers. »

La préférence accordée aux plus souffrants, aux plus menacés, abstraction faite du rang et de la fortune ; telle fut jadis, vous le voyez, Messieurs, la règle sublime du corps médical français ; tel est encore aujourd'hui son évangile. Je n'en veux d'autre preuve que ces admirables paroles adressées, par notre confrère Larrey, à son ami Tanchou, blessé à la bataille de Montmirail : « Votre blessure est légère, Monsieur. Nous n'avons de place et de paille à cette ambulance que pour les grands blessés. On va vous mettre dans cette écurie. »

Le corps médical ne pourrait donc, sous aucun rapport, être mis en cause, en suspicion, à l'occasion de l'ancien Hôtel-Dieu de Paris.

Invoque-t-on l'économie ? je trouve dans Bailly une réponse toute prête : La journée de malade à l'Hôtel-Dieu était notablement plus élevée que dans d'autres établissements de la capitale plus charitablement organisés.

Quelqu'un va-t-il jusqu'à prétendre que les malades condamnés à se réfugier dans les hôpitaux, ayant une sensibilité émoussée par le travail, par la misère, par les souffrances de tous les jours, devaient faiblement ressentir les effets des dispositions horriblement vicieuses que l'ancien Hôtel-Dieu offrait à tous les yeux clairvoyants ? Voici ce que je lis dans le rapport de notre confrère : « Les maladies sont presque du double plus longues à l'Hôtel-Dieu qu'à la Charité ; la mortalité y est aussi presque du double plus grande !... Les trépanés périssent tous dans cet hôpital ; tandis que cette opération est assez heureuse à Paris, et encore plus à Versailles. »

Les maladies sont du double plus longues ! La mortalité y est double ! Tous les opérés du trépan périssent ! Les femmes en couche meurent dans une effrayante proportion poriion, etc. Voilà les paroles sinistres qui jaillissaient périodiquement des états de situation de l'Hôtel-Dieu ; et cependant, répétons-le, les années s'écoulaient, et rien n'était changé à l'organisation du grand hôpital ! Pourquoi cette persistance à rester dans des conditions qui blessaient si ouvertement l'humanité ? Faut-il, avec Cabanis, qui, lui aussi, porta sur l'ancien Hôtel-Dieu un jugement sévère, « faut-il s'écrier que des abus reconnus de tout le monde, contre lesquels toutes les voix s'élèvent, ont des fauteurs secrets qui savent jes défendre de manière à lasser le courage des gens de bien ? Faut-il parler d'esprits faux, de cœurs pervers qui semblent regarder les erreurs et les abus comme leur patrimoine ? » Osons l'avouer, Messieurs, le mal se fait d'ordinaire moins méchamment : il se fait sans l'intervention d'aucune passion forte ; par la vulgaire toute-puissance de la routine, de l'ignorance. J'aperçois la même pensée sous le langage calme et habilement circonspect de Bailly, dans ce passage de son rapport : « L'Hôtel-Dieu existe peut-être depuis le vir siècle, et si cet hôpital est le plus imparfait de tous, c'est parce qu'il est le plus ancien. Dès les premiers temps de cet établissement, on a cherché le bien, on a désiré de s'y tenir, et la constance a paru un devoir. De là, toute nouveauté utile a de la peine à s'y introduire ; toute réforme y est difficile ; c'est une administration nombreuse qu'il faut convaincre ; c'est une masse énorme qu'il faut remuer. »

L'énormité de la masse à remuer ne découragea pas les anciens commissaires de l'Académie. Que cette conduite serve d'exemple aux savants, aux administrateurs qui pourraient être appelés à porter un œil investigateur sur l'ensemble de nos établissements de bienfaisance et d'humanité. Sans aucun doute, les abus, s'il en existe encore, n'ont, un à un, rien de comparable à ceux dont le rapport de Bailly fit justice ; mais serait-il impossible qu'ils eussent pullulé depuis un demi-siècle, et qu'à raison de leur multiplicité ils fissent encore d'énormes, de déplorables brèches dans le patrimoine des pauvres ? Je modifierai bien légèrement, Messieurs, les paroles qui terminent le premier rapport de notre illustre confrère, et je ne porterai nulle atteinte à leur sens intime, si je dis, en achevant cette longue analyse : « Chaque pauvre est aujourd'hui couché seul dans un lit, et il le doit principalement aux efforts habiles, persévérants, courageux, de l'Académie des sciences. Il faut que le pauvre le sache, et le pauvre ne l'oubliera pas. » Heureuse, Messieurs, heureuse l'Académie qui peut se parer de semblables souvenirs !

RAPPORT SUR LES ABATTOIRS.

Un coup d'œil attentif sur le passé a été de tout temps et dans tous les pays, le moyen infaillible de faire bien apprécier le présent. Lorsqu'on portera ce coup d'œil sur l'état sanitaire de Paris, le nom de Bailly se présentera de nouveau en première ligne parmi ceux des promoteurs d'une amélioration capitale que je signalerai en peu de mots.

Malgré de nombreux arrêts du parlement, malgré des règlements de police très-formels qui remontaient à Charles IX, à Henri III, à Henri IV, des tueries existaient encore, en 1788, dans l'intérieur de la capitale : par exemple, à l'Apport-Paris, à la Croix-Rouge, dans les rues des Boucheries, Montmartre, Saint-Martin, Traversée, etc., etc. Les bœufs en troupe parcouraient donc des quartiers fréquentés ; effarouchés par le bruit des voitures, par les excitations des enfants, par les attaques ou les aboiements des chiens errants, ils prenaient souvent la fuite, entraient dans les maisons, dans les allées, y portaient l'épouvante, y blessaient les personnes, y commettaient de grands dégâts. Des gaz fétides s'exhalaient d'établissements mal aérés et trop petits ; le fumier qu'on en retirait avait une odeur insupportable ; le sang coulait dans les ruisseaux du voisinage, avec d'autres détritus des animaux, et s'y putréfiait. La fonte des suifs, annexe inévitable de tout abattoir, répandait à la ronde des émanations dégoûtantes et était un danger permanent d'incendie.

Un état de choses si incommode, si repoussant, éveilla la sollicitude des particuliers et de l'administration publique ; le problème fut soumis à nos prédécesseurs, et Bailly, comme d'ordinaire, devint l'organe de la commission académique. Les autres membres étaient MM. Tillet, Darcet, Daubenton, Coulomb, Lavoisier et Laplace.

Lorsque Napoléon, voulant débarrasser Paris des dangereuses, des insalubres servitudes qui provenaient des tueries intérieures, décréta la construction des cinq grands abattoirs que tout le monde connaît, il trouva la question approfondie, éclairée sous toutes ses faces, dans l'excellent travail de Bailly. « Nous demandons, disait, en 1788, le rapporteur de la commission académique, nous demandons que les tueries soient éloignées de l'intérieur de Paris ; » et les tueries intérieures ont disparu. S'étonne-t-on qu'il ait fallu plus de quinze ans pour faire droit à la plus juste demande, je ferai remarquer que, malheureusement, il n'y eut là rien d'exceptionnel ; celui qui sème une pensée dans le champ des préjugés, des intérêts privés, de la routine, ne doit jamais compter sur une moisson prochaine.

BIOGRAPHIES DE COOK ET DE GRESSET.

La publication des cinq volumes in-4° dont l'*Histoire de l'Astronomie* se compose, celle des beaux Rapports dont je viens de parler, avaient épuisé Bailly. Pour se délasser et se distraire, il revint aux compositions qui l'avaient captivé dans sa jeunesse ; il écrivit des biographies, entre autres la Biographie du capitaine Cook, proposée comme sujet de prix par l'Académie de Marseille, et la Biographie de Gresset.

La Biographie de Gresset parut d'abord anonyme. Cette circonstance donna lieu à une scène singulière, que notre confrère racontait en riant. J'en reproduirai moi-même ici les principaux traits, ne fût-ce que pour détourner les écrivains, quels qu'ils soient, de lancer leurs ouvrages dans le public sans les signer.

La marquise de Créqui était une des dames de la haute société à qui fut envoyé en présent un exemplaire de l'Éloge de l'auteur de *Vert-Vert*. Quelques jours après, Bailly alla lui rendre visite. Espérait-il l'entendre parler avec satisfaction de l'œuvre nouvelle ? Je ne sais. En tout cas, notre confrère aurait été bien mal payé de sa curiosité.

« Connaissez-vous, lui dit la grande dame dès qu'elle l'aperçut, un Éloge de Gresset nouvellement publié.

L'auteur l'a fait remettre chez moi sans se nommer. Il viendra probablement me voir ; il est peut-être déjà venu. Que pourrai-je lui dire ? Je ne crois pas qu'on ait jamais écrit plus mal. Il prend l'obscurité pour de la profondeur : ce sont les ténèbres avant la création. »

Malgré tous les efforts de Bailly pour changer le sujet de la conversation, peut-être même à cause de ses efforts, la marquise se lève, va chercher la brochure, la met dans les mains de notre confrère, et le prie de lire à haute voix, ne fût-ce, disait-elle, que la première page, bien suffisante pour faire juger du reste.

Bailly lisait à merveille. Je laisse à deviner si, cette fois, il mit ce talent en action. Soins superflus ! Madame de Créqui l'interrompait à chaque phrase par les commentaires les plus déplaisants, par des exclamations telles que celles-ci : Style détestable ! galimatias double ! et autres aménités pareilles. Bailly ne réussissait point à amener madame de Créqui à quelque indulgence, lorsque heureusement l'arrivée d'un visiteur mit fin à cette insupportable torture.

À deux ans de là, Bailly étant devenu le premier personnage de la cité, des libraires recueillirent ses opuscules et les publièrent. Cette fois, la marquise, qui n'avait conservé aucun souvenir de la scène que je viens de raconter, accabla le maire de Paris de compliments et de félicitations, à l'occasion du même Éloge, traité précédemment avec une rigueur si brutale.

Un pareil contraste excitait la gaieté de notre confrère. Cependant, oserai-je le dire, madame de Créqui fut peut-être de bonne foi dans les deux circonstances ; les exagérations de l'éloge et de la critique mises de côté, il ne semblerait pas impossible de défendre les deux opinions. Les premières pages de l'opuscule pourraient paraître embarrassées et obscures à qui trouverait dans le reste une grande finesse, de l'élégance et des appréciations pleines de goût.

ASSEMBLÉE DES NOTABLES. — BAILLY EST NOMMÉ PREMIER DÉPUTÉ DE PARIS, ET, PEU DE TEMPS APRÈS, DOYEN OU PRÉSIDENT DES DÉPUTÉS DES COMMUNES.

L'Assemblée des Notables n'avait eu d'autre effet que de mettre dans un plus grand jour le désordre des finances et les autres plaies qui rongeaient la France. Ce fut alors que le parlement de Paris demanda la convocation des États Généraux. Cette demande fut reçue avec défaveur par le cardinal de Brienne. Bientôt après, la convocation devint une nécessité, et Necker, arrivé au ministère, annonça, dès le mois de novembre 1788, qu'elle était arrêtée en conseil, et même que le roi accordait au Tiers-État la représentation double si imprudemment mise en question par les courtisans.

Les districts se formèrent sur la convocation du roi, le 21 avril 1789. C'est de ce jour que date la vie politique de Bailly. C'est le 21 avril que le bourgeois de Chaillot, entrant dans la salle des Feuillants, s'imagina, disait-il, « respirer un air nouveau, » et regarda « comme un phénomène d'être quelque chose dans l'ordre politique par sa seule qualité de citoyen. »

Les élections devaient se faire à deux degrés. Bailly fut nommé premier électeur de son district. Peu de jours après, dans la réunion générale, l'assemblée l'appela au bureau en qualité de secrétaire. Ainsi, c'est notre confrère qui, à l'origine, rédigea le célèbre procès-verbal des séances des électeurs de Paris, si souvent cité par les historiens de la Révolution.

Bailly prit aussi une part active à la rédaction des cahiers de son district et à celle des cahiers du corps des électeurs. Le rôle qu'il joua dans ces deux circonstances ne saurait être douteux, si l'on en juge par ces trois courtes citations tirées de ses Mémoires : « La nation doit se souvenir qu'elle est souveraine et maîtresse de tout ordonner… Ce n'est pas quand la raison s'éveille qu'il faut alléguer d'anciens privilèges et des préjugés absurdes… Je louerai les électeurs de Paris qui, les premiers, ont conçu l'idée de faire précéder la constitution française de la déclaration des droits de l'homme. »

Bailly avait toujours été d'une si extrême réserve dans sa conduite et dans ses écrits, qu'on ne pouvait pas soupçonner de quel point de vue il envisagerait l'agitation nationale de 89. Aussi, dès le début, vit-on l'abbé Maury, de l'Académie française, proposer à son confrère de s'unir à lui, et de vivre même à Versailles dans un appartement commun. Il est difficile de se défendre d'un sourire quand on rapproche la démarche de l'éloquent et fougueux abbé, des déclarations si catégoriques, si nettes et si progressives du savant astronome.

Le mardi 12 mai, l'assemblée générale des électeurs procéda au scrutin pour la nomination du premier député de Paris. Bailly fut choisi.

Cette nomination est souvent citée comme une preuve de la haute intelligence et de la sagesse de nos pères, deux qualités qui, depuis, auraient été toujours en déclinant, s'il fallait en croire d'aveugles pessimistes. Une pareille accusation m'imposait le devoir de porter jusqu'à l'exactitude numérique l'appréciation de cette sagesse, de cette intelligence qu'on nous oppose. Voici le résultat : la majorité des suffrages était de 159 ; Bailly en obtint 173 ; c'était 14 de plus qu'il n'en fallait. Quatorze voix, en se déplaçant, auraient changé le résultat. Est-ce bien là, je le demande, l'occasion de se tant récrier ?

Bailly se montra profondément touché de la marque de confiance dont il venait d'être l'objet. Sa sensibilité, sa reconnaissance ne l'ont pas empêché toutefois de consigner dans ses Mémoires cette observation naïve : « Je remarquai dans l'assemblée des électeurs une grande défaveur pour les gens de lettres et pour les académiciens. »

Je recommande cette réflexion aux hommes d'étude que les circonstances ou le sentiment du devoir jetteront dans le tourbillon politique. Peut-être céderai-je à la tentation de la développer, lorsque j'aurai à caractériser les relations de Bailly avec ses collaborateurs de la première municipalité de Paris.

La grande question sur la vérification des pouvoirs était déjà fortement engagée le jour où Bailly et les autres députés de Paris purent se rendre, pour la première fois, à Versailles ; notre confrère n'avait encore pris la parole dans cette majestueuse assemblée que pour faire adopter le mode de voter par assis et levé, lorsque, le 3 juin, il fut nommé doyen des députés des communes. Jadis, le droit de présider le Tiers-État du royaume appartenait au prévôt des marchands. Bailly, dans sa modestie, imagina que l'assemblée, en lui décernant le fauteuil, avait voulu dédommager la capitale de la perte d'un antique privilége. Cette considération le décida à accepter une fonction qu'il croyait au-dessus de ses forces, lui qui toujours se dépeignit comme timide à l'excès, et sans facilité pour parler.

Les esprits étaient plus animés, plus ardents en 1789 que ne consentiraient à l'admettre ceux qui voient toujours dans le présent une image fidèle du passé. La calomnie, cette arme meurtrière des partis politiques, ne respectait déjà aucune position. Le savoir, la loyauté, la vertu, ne mettaient personne à l'abri de ses traits empoisonnés. Bailly en fit l'expérience dès le lendemain de sa nomination au poste si éminent de président des Communes.

Les Communes avaient voté, le 29 mai, une adresse au roi sur les difficultés, sans cesse renaissantes, que l'ordre de la noblesse opposait à la réunion des États-Généraux en une seule assemblée. En exécution de la délibération la plus solennelle, Bailly sollicita une audience où l'expression modérée, respectueuse des inquiétudes de six cents députés loyaux, devait être présentée au monarque. Sur ces entrefaites, le dauphin mourut. Sans se donner la peine de consulter les dates, le parti de la cour fit aussitôt de Bailly un homme étranger aux convenances les plus vulgaires, et entièrement dépourvu de sensibilité ; il aurait dû, disait-on, respecter la plus juste douleur ; ses importunités avaient été de la barbarie.

Je croyais qu'il ne restait plus rien aujourd'hui de ces étranges accusations ; les explications catégoriques que Bailly lui-même a données à ce sujet me semblaient avoir dû convaincre les plus prévenus. Je me trompais, Messieurs. Le reproche de violence, de brutale insensibilité vient de se reproduire sous la plume d'un homme de talent et de conscience. Voici son récit : « Il n'y avait pas deux heures que l'enfant royal avait rendu le dernier soupir, lorsque Bailly, président du Tiers, insista pour entrer chez le roi, qui avait défendu de laisser pénétrer personne jusqu'à lui. L'insistance fut telle, qu'il fallut céder. Louis XVI s'écria : « Il n'y a donc pas de pères « dans cette Chambre du Tiers. » La Chambre applaudit beaucoup ce trait de brutale insensibilité de Bailly, qu'elle appelait un trait de stoïcisme Spartiate. »

Autant d'erreurs que de mots. Voici la vérité : La maladie du dauphin n'avait pas empêché les deux ordres privilégiés d'être reçus par le roi. Cette préférence indisposa les Communes. Elles ordonnèrent au président de solliciter une audience. Celui-ci accomplit sa mission avec une extrême réserve. Toutes ses démarches furent concertées avec deux ministres, Necker et M. de Barentin. Le roi répondit : « Il m'est impossible, dans la situation où je me trouve, de voir M. Bailly ce soir, ni demain matin, ni de fixer un jour pour recevoir la députation du Tiers. » Le billet se terminait par ces paroles : « Montrez mon billet à M. Bailly pour sa décharge. »

Ainsi, le jour des démarches, le dauphin n'était pas mort ; ainsi le roi ne se crut pas forcé de céder, il ne reçut point Bailly ; ainsi la Chambre n'eut aucun trait d'insensibilité à applaudir ; ainsi, Louis XVI reconnaissait si bien que le président des Communes remplissait un devoir de sa position, qu'il sentit le besoin de lui donner une décharge.

La mort du dauphin arriva le 4 juin. Dès que l'assemblée du Tiers en fut informée, elle chargea son président, je cite textuellement, « d'aller porter à Leurs Majestés la profonde douleur dont cette nouvelle avait pénétré les Communes. »

Une députation de vingt membres, ayant Bailly à sa tête, fut reçue le 6. Le président s'exprima ainsi : « Vos fidèles Communes sont profondément touchées de la circonstance où Votre Majesté à la bonté de recevoir leur députation, et elles prennent la liberté de lui adresser l'expression de tous leurs regrets et leur respectueuse sensibilité. »

Un pareil langage peut, je crois, être livré sans inquiétude à l'appréciation de tous les gens de bien.

Soyons vrais ; les Communes n'obtinrent pas d'abord l'audience qu'elles réclamaient, à cause des difficultés du cérémonial. On eût désiré faire parler le Tiers-État à genoux. « Cet usage, disait M. de Barentin, a subsisté depuis un temps immémorial, et si le roi le voulait... — Et si vingt-cinq millions d'hommes ne le veulent pas, s'écria Bailly, en interrompant le ministre, où seront les moyens de les contraindre ? — Les deux ordres privilégiés, repartit le garde des sceaux un peu étourdi de l'apostrophe, n'exigent plus que le Tiers plie le genou ; mais, après avoir possédé jadis dans le cérémonial d'immenses privilèges, ils se bornent aujourd'hui à demander une différence quelconque. Cette différence, je ne puis la trouver. — Ne prenez plus la peine de la chercher, répliqua vivement notre confrère ; quelque légère que fût la différence, les Communes ne la souffriraient pas. »

Cette digression était commandée par une erreur grave et récente. La mémoire de Bailly n'en souffrira pas, puisqu'elle m'a donné l'occasion d'établir, sans réplique, que chez notre confrère, l'urbanité, la douceur, la politesse, s'alliaient dans l'occasion à une noble fermeté. Mais que dira-t-on des puérilités qu'il m'a fallu rappeler, et des prétentions mesquines des courtisans à la veille d'une immense révolution ? Lorsque les Grecs du Bas-Empire, au lieu d'aller sur les remparts des villes repousser vaillamment les attaques des Turcs, restaient nuit et jour réunis autour de quelques sophistes dans les lycées, dans les académies, leurs stériles débats portaient du moins sur des questions intellectuelles. À Versailles, il n'y avait en jeu, de la part de deux des trois ordres, que la plus misérable vanité.

D'après une disposition expresse, arrêtée dès l'origine entre les membres des communes, le doyen ou président devait être renouvelé toutes les semaines. Malgré les réclamations incessantes de Bailly, cet article réglementaire fut laissé très-longtemps à l'écart, tant l'assemblée se trouvait heureuse d'avoir à sa tête l'homme éminent qui joignait à des lumières incontestées une loyauté, une modération et un patriotisme non moins appréciés.

Notre confrère présida ainsi les réunions du Tiers-État dans les mémorables journées qui décidèrent de la marche de notre grande révolution :

Par exemple, le 17 juin, lorsque les députés des Communes, fatigués des tergiversations des deux autres ordres, montrèrent qu'au besoin ils se passeraient de leur concours, adoptèrent résolument le titre d'Assemblée nationale, et se prémunirent contre les projets présumés de dissolution, en frappant d'illégalité toute levée de contribution qui n'aurait pas été consentie par l'Assemblée ;

Par exemple, le 20 juin, lorsque les membres de l'Assemblée nationale, blessés de ce qu'on avait fermé leur salle et suspendu leurs séances sans notification officielle, avec la simple formalité d'affiches et de crieurs publics, comme s'il s'était agi d'un spectacle, se réunirent dans un jeu de paume et « prêtèrent serment de ne jamais se séparer, de se rassembler partout où les circonstances l'exigeraient, jusqu'à ce que la constitution du royaume fût établie et affermie sur des fondements solides. »

Bailly, enfin, était encore à la tête de ses collègues le 23 juin, lorsque, par une inconvenance inexcusable, et qui peut-être ne fut pas sans quelque influence sur les événements de cette journée, les députés du Tiers furent retenus longtemps à la porte de service de la salle des séances et à la pluie, pendant que les députés des deux autres ordres, à qui on avait assigné une entrée plus décente, plus convenable, étaient déjà placés.

La relation que Bailly a donnée de la célèbre séance royale du 23 juin n'est pas parfaitement d'accord avec ce que rapportent la plupart des historiens.

Le roi termina son discours par ces paroles imprudentes : « Je vous ordonne, Messieurs, de vous séparer tout de suite ! »

La totalité de la noblesse et une partie du clergé se retirèrent ; les députés des Communes restèrent tranquillement à leur place. Le grand maître des cérémonies l'ayant remarqué, s'approcha de Bailly, et lui dit : « Vous avec entendu l'ordre du roi, Monsieur ? » L'illustre président repartit : « Je ne puis pas ajourner l'Assemblée sans qu'elle en ait délibéré. — Est-ce bien là votre réponse, et puis-je en faire part au roi ? — Oui, Monsieur, » répondit Bailly. Et s'adressant aussitôt aux députés qui l'entouraient : « Il me semble, dit-il, que la nation assemblée ne peut pas recevoir d'ordre. »

Ce fut après ce débat, à la fois ferme et modéré, que Mirabeau lança de sa place à M. de Brézé l'apostrophe si connue. Notre confrère en désapprouve le fond et la forme ; il trouve que rien ne l'avait motivée ; car, dit-il, le grand maître des cérémonies n'avait point fait de menace ; car il n'avait aucunement insinué qu'on eût le dessein de recourir à la force ; car il n'avait pas surtout parlé de baïonnettes. Au reste, il y a une différence essentielle entre les paroles de

Mirabeau consignées dans presque toutes les Histoires de la Révolution et celles que Bailly rapporte. Suivant notre illustre confrère, le fougueux tribun se serait écrié : « Allez dire à ceux qui vous envoient que la force des baïonnettes ne peut rien contre la volonté de la nation ! » C'est, suivant moi, beaucoup plus énergique que la version ordinaire. Le « Nous n'en sortirons que par la force des baïonnettes ! » m'avait toujours semblé, malgré l'admiration convenue, impliquer seulement une résistance qui cesserait à l'arrivée d'un caporal et de quatre soldats.

Bailly quitta le fauteuil de président de l'Assemblée nationale le 2 juillet. Son illustration scientifique, sa vertu, son esprit conciliant, n'avaient pas été de trop pour habituer certains hommes à voir un membre des Communes présider une assemblée où se trouvaient un prince du sang, un prince de l'Église, les plus grands seigneurs du royaume et presque tous les hauts dignitaires du clergé. Le premier successeur nommé de Bailly fut le duc d'Orléans. Après son refus, l'Assemblée choisit l'archevêque de Vienne (Pompignan).

Bailly rappelle avec sensibilité, dans ses Mémoires, les témoignages d'estime que lui valut sa difficile et laborieuse présidence. Le 3 juillet, sur la proposition du duc de La Rochefoucauld et de l'archevêque de Bordeaux, l'Assemblée nationale envoya une députation à notre illustre confrère, pour le remercier, ce sont les expressions textuelles, de sa conduite noble, sage et ferme. Le corps électoral de Bordeaux avait devancé ces hommages. La chambre de commerce de cette ville décidait, à la même époque, que le portrait du grand citoyen décorerait la salle de ses séances. L'Académie des sciences, l'Académie des inscriptions et belles-lettres, ne restèrent pas insensibles à la gloire qu'un de leurs membres venait d'acquérir dans la carrière politique, et le lui témoignèrent par des députations nombreuses. Marmontel, enfin, exprimait à Bailly, au nom de l'Académie française, « combien cette assemblée s'honorait de compter, au nombre de ses membres, un Aristide que personne ne s'était lassé d'appeler juste !»

On ne s'étonnera pas, je l'espère, de m'entendre ajouter à de si brillants témoignages de sympathie, que les habitants de Chaillot célébrèrent le retour de Bailly au milieu d'eux par des fêtes, par un feu d'artifice, et même que le curé de la commune et les marguilliers, ne voulant pas rester en arrière de leurs concitoyens, nommèrent l'historien de l'astronomie antédiluvienne marguillier d'honneur. Je réprimerai, en tout cas, le sourire dont ces souvenirs intimes pourraient devenir l'objet, en rappelant que l'homme moral est mieux connu, beaucoup mieux apprécié des voisins auxquels il se montre journellement en déshabillé, que des personnages les plus considérables, quand ceux-ci n'ont l'occasion de le voir qu'en représentation et dans un costume officiel.

BAILLY MAIRE DE PARIS. — DISETTE. — MARAT SE DÉCLARE L'ENNEMI DU MAIRE. — ÉVÉNEMENTS DU 6 OCTOBRE.

La Bastille avait été prise le 14 juillet. Cet événement, sur lequel, depuis plus d'un demi-siècle, on disserte à perte de vue et en sens divers, était caractérisé en ces termes dans l'adresse à l'Assemblée nationale rédigée par M. Moreau de Saint-Méry, au nom du comité de la ville :

« La journée d'hier sera à jamais mémorable par la prise d'une citadelle, conséquence de la perfidie de son gouverneur. La bravoure du peuple s'est irritée par une parole d'honneur trahie. Cet acte, la meilleure preuve qu'une nation qui sait le mieux obéir est avide de sa juste liberté, a été suivi de traits que les malheurs publics avaient pu faire présager. »

Lally-Tollendal disait aux Parisiens, le 15 juillet : « Dans les circonstances désastreuses qui viennent de se passer, nous n'avions pas cessé de partager vos douleurs ; mais nous avions aussi partagé votre ressentiment : il était juste. »

L'Assemblée nationale sollicita et obtint du roi, le 15 juillet, l'autorisation d'envoyer à Paris une députation qui se flattait de ramener l'ordre et le calme dans cette grande ville, alors en convulsion. Madame Bailly, toujours dominée par la crainte, essaya vainement de dissuader son mari de se joindre aux députés désignés. « Je ne suis pas fâché, disait naïvement le savant académicien, après une présidence qui a été applaudie, de me montrer à mes concitoyens. » Vous le voyez, Messieurs, Bailly met toujours le lecteur des *Mémoires posthumes* dans la confidence de ses plus secrets sentiments.

La députation venait de remplir son mandat, à l'Hôtel de Ville, à l'entière satisfaction de la population parisienne ; l'archevêque de Paris, son président, avait déjà proposé de se rendre en cortége à la cathédrale pour y chanter le *Te Deum* ; on se préparait à sortir, lorsque, s'abandonnant à un mouvement d'enthousiasme spontané, l'assemblée, d'une voix unanime, proclama Bailly maire de Paris et Lafayette commandant général de la garde bourgeoise, dont la création venait d'être autorisée.

Les procès-verbaux de la municipalité disent que Bailly, nommé ainsi à l'improviste, s'inclina devant l'assemblée, les yeux baignés de larmes, et qu'au milieu de ses sanglots, il ne trouva que des mots sans suite pour témoigner sa reconnaissance. Le récit de notre confrère différe à peine de la relation officielle. Je le rapporterai néanmoins comme un modèle de sincérité et de modestie.

« Je ne sais pas si j'ai pleuré, je ne sais pas ce que j'ai dit ; mais je me rappelle bien que je n'ai jamais été si étonné, si confondu et si au-dessous de moi-même. La surprise ajoutant à ma timidité naturelle devant une grande assemblée, je me levai, je balbutiai quelques mots qu'on n'entendit pas, que je n'entendis pas moimême, mais que mon trouble, plus encore que ma bouche, rendit expressifs. Un autre effet de ma stupidité subite, c'est que j'acceptai, sans savoir de quel fardeau je me chargeais. »

Bailly, devenu maire, et tacitement agréé par l'Assemblée nationale, profita, dès le 16 juillet, de ses relations avec Vicq-d'Azyr, médecin de la reine, pour engager Louis XVI à se montrer aux Parisiens. Ce conseil fut écouté. Le 17, le nouveau magistrat adressait au roi, près de la barrière de la Conférence, un discours qui commençait ainsi :

« J'apporte à Votre Majesté les clefs de sa bonne ville de Paris. Ce sont les mêmes qui ont été présentées à Henri IV. Il avait reconquis son peuple, ici le peuple a reconquis son roi. »

L'antithèse : « il avait reconquis son peuple, ici le peuple a reconquis son roi, » fut universellement applaudie. Depuis, elle a été critiquée avec amertume, avec violence. Les ennemis de la Révolution se sont attachés à y découvrir une intention d'outrage, que démentaient le caractère de Bailly, et plus encore, dès le premier coup d'œil, l'examen des autres parties de son discours. Je l'avouerai, Messieurs, je crois même avoir le droit de ne pas accepter la qualification de malheureuse, qu'un de nos plus respectables confrères de l'Académie française vient d'infliger à la phrase célèbre, tout en rendant une pleine justice aux sentiments de l'orateur. Le venin renfermé dans les quelques paroles que j'ai rapportées était bien inoffensif, puisqu'il s'écoula plus d'une année, sans qu'aucun courtisan, armé, en guise de microscope, de toutes ses susceptibilités monarchiques, commençât à en soupçonner l'existence.

Le maire de Paris se retrouvait, à l'Hôtel de Ville, au milieu de cette même bourgeoisie parisienne qui lui inspirait, quelques mois auparavant, la réflexion chagrine déjà citée : « Je remarquai dans l'assemblée des électeurs une grande défaveur pour les gens de lettres et pour les académiciens. » Les dispositions ne paraissaient pas changées.

Le mouvement politique de 1789 avait été précédé, dans l'ordre physique, par deux perturbations très-graves qui eurent beaucoup d'influence sur la marche des événements. Personne n'ignore que l'hiver excessivement rigoureux de 1788 à 1789 fut, pour le peuple, la cause de cruelles souffrances. Peut-être ne sait-on pas aussi généralement que, le 13 juillet 1788, une grêle d'une grosseur et d'une abondance sans exemple ravagea complétement en quelques heures, sur deux zones parallèles fort larges, tout l'espace compris entre le département de la Charente et les frontières des Pays-Bas, et qu'à la suite de cette grêle effroyable, le grain manqua en partie, dans le nord et dans l'ouest de la France, jusqu'après la récolte de 1789.

La disette se faisait déjà fortement sentir, lorsque Bailly accepta, le 15 juillet, les fonctions de maire de Paris. Ce jour-là, il était résulté d'une visite faite à la halle et chez tous les boulangers, que les approvisionnements, en grains et farines, seraient entièrement épuisés en trois jours. Le lendemain, 16 juillet, tous les préposés à l'administration des subsistances avaient disparu. Cette fuite, conséquence naturelle de l'intimidation terrible qui planait sur ceux qui tenaient, de près ou de loin, aux approvisionnements, interrompait les opérations déjà commencées et exposait la ville de Paris à la famine.

Bailly, magistrat depuis un seul jour, réfléchit que la multitude n'entend rien, n'écoute rien lorsque le pain manque ; que la disette vraie ou supposée est le grand moyen des émeutes ; que toutes les classes de la population accordent leurs sympathies à quiconque crie : *J'ai faim* ; que ce cri lamentable réunit bientôt dans un sentiment commun de fureur aveugle, des individus de tout âge, de tout sexe, de toute condition ; qu'aucune puissance humaine ne saurait maintenir l'ordre et la tranquillité, au sein d'une population qui craint pour sa nourriture ; il résolut donc de consacrer ses jours et ses nuits à l'approvisionnement de la capitale ; de mériter, comme il le disait lui-même, le titre de père *nourricier des Parisiens*, ce titre dont il se montra toujours si fier, après l'avoir péniblement conquis.

Bailly a consigné, jour par jour, dans ses Mémoires, le tableau de ses démarches, de ses inquiétudes, de ses frayeurs. Il sera peut-être bon, pour l'instruction des heureux administrateurs de notre époque, de transcrire ici quelques lignes du journal de notre confrère :

« 18 août. Nos provisions sont extrêmement réduites. Celles du lendemain dépendent strictement des dispositions arrêtées la veille ; et voilà qu'au milieu de cette détresse, nous apprenons que nos voitures de farine sont arrêtées à

Bourg-la-Reine ; que des bandits pillent les marchés sur la route de Rouen ; qu'ils se sont emparés de vingt voitures de farine qui nous étaient destinées ;... que le malheureux Sauvage a été massacré à Saint-Germain en Laye ;... que Thomaasin a échappé avec beaucoup de peine à la fureur de la population de Choisy. »

En reproduisant textuellement ces paroles ou quelque chose d'équivalent, autant de fois qu'il y eut de jours de disette dans l'année 1789, on se fera une idée exacte des inquiétudes qu'éprouva Bailly dès le lendemain de son installation comme maire. Je me trompe : il faudrait, pour compléter le tableau, enregistrer aussi les démarches irréfléchies, inconsidérées d'une multitude d'individus dont la destinée paraît être de se mêler de tout pour tout gâter. Je ne résisterai pas au désir de montrer un de ces importants, affamant, ou du moins très-peu s'en fallut, la ville de Paris :

« 21 août. L'approvisionnement, dit Bailly, était si court, que la vie des habitants de la métropole dépendait de l'exactitude, en quelque sorte mathématique, de nos combinaisons. Ayant appris l'arrivée à Poissy d'un bateau de dix-huit cents sacs de farine, je fis partir sur le-champ, de Paris, cent voitures pour les chercher. Et voilà que le soir un officier, sans pouvoir et sans mission, raconta devant moi qu'ayant trouvé des voitures sur la route de Poissy, il les avait fait rétrograder, attendu qu'il ne pensait pas qu'aucun bateau charge stationnât sur la Seine. Il me serait difficile de rendre le désespoir et la colère où ce récit me jeta. Nous fûmes obligés de mettre des sentinelles à la porte des boulangers ! «

Le désespoir et la colère de Bailly étaient très-naturels. Aujourd'hui même, après plus d'un demi-siècle, on ne songe pas sans frémir à cet individu obscur qui, pour n'avoir pas pensé qu'un bateau chargé pût stationner à Poissy le 21 août 1789, allait plonger la capitale dans de sanglants désordres.

À force de persévérance, de dévouement, de courage, Bailly réussit à vaincre toutes les difficultés que la disette réelle et la disette factice, plus redoutable encore, faisaient journellement surgir. Il vainquit, mais sa santé resta, depuis cette époque, profondément altérée ; mais son âme avait éprouvé plusieurs de ces blessures profondes qui ne se cicatrisent jamais entièrement. Lorsque je passais, a dit notre confrère, devant les boutiques des boulangers dans le temps de disette, et que je voyais la foule les assiéger, mon cœur se serrait. Aujourd'hui même que l'abondance est revenue, la vue d'une de ces boutiques me fait éprouver une vive émotion.

Les conflits administratifs dont la source existait au sein même du conseil de la commune, arrachaient chaque jour à Bailly cette exclamation, image fidèle de l'état de son âme : *J'ai cessé d'être heureux.* Les embarras qui provenaient de l'extérieur le touchaient beaucoup moins, et cependant ils n'étaient nullement à dédaigner. Surmontons de justes répugnances ; jetons un regard ferme sur l'horrible sentine où s'élaboraient les indignes calomnies dont Bailly fut quelque temps l'objet.

Plusieurs années avant notre première révolution, un Neufchâtelois quittait ses montagnes, traversait le Jura, et venait s'abattre à Paris. Sans fortune, sans talent reconnu, sans notabilité d'aucune sorte, d'un physique repoussant, d'une tenue plus que négligée, il semblait difficile qu'il espérât, qu'il rêvât même des succès ; mais on avait dit au jeune voyageur d'avoir pleine confiance, quoique un académicien célèbre n'eût pas encore donné cette singulière définition de notre pays : « La France est la patrie des étrangers. » En tout cas, la définition ne fut pas menteuse, car, peu de temps après son arrivée, le Neufchâtelois était attaché, en qualité de médecin, à la maison d'un des princes de la famille royale et avait contracté d'étroites liaisons avec la plupart des personnages puissants de la cour.

Cet étranger était affamé de gloire littéraire. Parmi ses premières productions figura un ouvrage médico-philosophique, en trois volumes, relatif aux influences réciproques de l'âme et du corps. L'auteur croyait avoir créé un chef-d'œuvre ; Voltaire n'était pas de trop pour l'analyser convenablement ; empressons-nous d'ajouter que le vieillard illustre, cédant aux sollicitations pressantes de M. le duc de Praslin, un des protecteurs les plus actifs du docteur suisse, promit d'étudier l'ouvrage et d'en dire son avis.

L'auteur était au comble de ses vœux. Après avoir annoncé doctoralement que le siége de l'âme est dans les méninges, pouvait-il y avoir rien à redouter du libre penseur de Ferney ? Il avait oublié seulement que le patriarche était, par-dessus tout, un homme de goût, et que le livre sur le corps et sur l'âme blessait toutes les convenances. L'article de Voltaire parut. Il commençait par cette leçon sévère et juste : « On ne doit pas prodiguer le mépris pour les autres et l'estime pour soi-même à un point qui révolte tous les lecteurs. » La fin était encore plus accablante : « On voit partout Arlequin qui fait la cabriole pour égayer le parterre. »

Arlequin n'en demanda pas davantage. La littérature ne lui ayant pas réussi, il se jeta sur les sciences.

Dès son début dans cette nouvelle carrière, le médecin neufchâtelois s'en prit à Newton. Mais voyez le malheur ; ses critiques portèrent précisément sur les points où l'optique peut le disputer en évidence à la géométrie elle-même. Cette fois, le protecteur fut M. de Maillebois, et le tribunal l'Académie des sciences.

L'Académie prononça son jugement avec gravité, sans y mêler aucun mot piquant ; par exemple, elle ne parla pas d'Arlequin ; mais il n'en resta pas moins établi que de prétendues expériences, destinées, disait-on, à renverser celles de Newton, sur l'inégale réfrangibilité des rayons de diverses couleurs, et l'explication de l'arc-enciel, etc., n'avaient absolument aucune valeur scientifique.

L'auteur ne se tint pas pour battu. Il conçut même la possibilité d'une revanche, et, profitant de ses relations avec le duc de Villeroy, gouverneur de la seconde ville du royaume, il fit mettre au concours, par l'Académie de Lyon, toutes les questions d'optique qui, depuis plusieurs années, étaient l'objet de ses élucubrations ; il fournit même de ses propres deniers, et sous un nom supposé, la valeur du prix.

Le prix si envié, si singulièrement proposé, ce fut, non le protégé du duc de Villeroy, mais l'astronome Flaugergues qui le remporta. À partir de ce moment, le pseudo-physicien devint l'ennemi acharné des corps scientifiques de l'univers entier, de quiconque portait le titre d'académicien. Mettant de côté toute honte, il ne se fit plus connaître, dans le champ de la philosophie naturelle, que par des expériences imaginaires, que par des jongleries ; il recourut à des pratiques méprisables, dans le but de jeter du louche sur les principes de la science les plus clairs, les plus avérés : témoin ces aiguilles métalliques, dont l'académicien Charles fit la découverte, et que le docteur étranger avait adroitement cachées dans un gâteau de résine, afin de contredire l'opinion commune sur la non-conductibilité électrique de cette substance.

Ces détails étaient nécessaires. Je ne pouvais me dispenser de caractériser le journaliste qui, par ses calomnies quotidiennes, contribua le plus à ébranler la popularité de Bailly. Il fallait d'ailleurs, une fois pour toutes, le dépouiller dans cette enceinte de ce noble titre de savant dont les gens du monde, les historiens eux-mêmes, l'ont inconsidérément gratifié. Lorsqu'un homme se révèle par de brillantes œuvres de l'intelligence, le public est heureux de les trouver alliées aux qualités du cœur. Sa joie ne doit pas être moins vive, lorsqu'il constate l'absence de toute distinction intellectuelle chez celui qui d'abord s'était fait connaître par des passions méprisables, par des vices, ou même seulement, par de graves torts de caractère.

Si je n'ai pas nommé encore l'ennemi de notre confrère, si je me suis contenté d'énumérer ses actes, c'est afin d'éloigner, autant qu'il était en moi, le sentiment pénible que ce nom doit soulever ici. Jugez, Messieurs, appréciez mes scrupules ; le persécuteur acharné de Bailly, dont je vous entretiens depuis plusieurs minutes, c'était Marat !

La révolution de 89 vint offrir au littérateur, au physiologiste, au physicien avorté, les moyens de sortir de la position intolérable que son inhabileté et son charlatanisme lui avaient faite.

Dès que la Révolution eut pris une marche décidée, il s'opéra dans les régions inférieures du monde politique des transformations subites qui excitèrent une vive surprise. Marat fut un des exemples les plus frappants de ces brusques revirements de principes. Le médecin neufchâtelois s'était montré l'adversaire ardent des opinions qui firent convoquer l'assemblée des notables, et du mouvement national de 89. À cette époque, les institutions démocratiques n'avaient pas de censeur plus acerbe, plus violent. Marat se plaisait à laisser croire qu'en quittant la France pour l'Angleterre, il fuyait surtout un spectacle de rénovation sociale qui lui était odieux. Cependant, un mois après la prise de la Bastille, il revint à Paris, fonda un journal, et, dès son début, laissa bien loin derrière lui ceux-là même qui, dans l'espoir de se faire remarquer, croyaient devoir pousser l'exagération jusqu'aux dernières limites. Les anciennes relations de Marat et de M. de Calonne étaient parfaitement connues ; on se rappelait ces paroles de Pitt : « Il faut que les Français traversent la liberté, et soient ramenés à l'ancien régime par la licence ; » les adversaires avoués de la Révolution montraient par leur conduite, par leurs votes, et même par leurs imprudentes paroles, que, suivant eux, *le pis* était le seul moyen de revenir à ce qu'ils appelaient *le bien* ; et, toutefois, ces rapprochements instructifs frappèrent seulement huit ou dix membres de nos grandes assemblées, tant le soupçon occupe peu de place dans le caractère national, tant la défiance est pénible à la loyauté française. Les historiens de nos troubles eux-mêmes ont à peine effleuré la question, assurément très importante, très-curieuse, que je viens de soulever. En pareille matière, le rôle de prophète est passablement hasardeux ; cependant, je n'hésite pas à prédire qu'une étude minutieuse de la conduite et des discours de Marat ramènera de plus en plus la pensée sur ces chapitres des traités de chasse, où l'on nous montre des faucons, des éperviers de mauvaise espèce, ne poursuivant d'abord le gibier que sur un signe et au profit de leur maître ; prenant goût peu à peu à ces luttes sanglantes, chassant enfin avec passion et pour leur propre compte.

Marat se garda bien d'oublier qu'en temps de révolution les hommes naturellement suspects agissent dans leur intérêt le plus immédiat, en cherchant à rendre suspects ceux dont le devoir est de les surveiller. Le maire de Paris, le commandant général de la garde nationale, devaient donc être les premiers points de mire du folliculaire. En qualité d'académicien, Bailly avait un titre de plus à sa haine.

Chez les hommes du tempérament de Marat, les plaies d'amour-propre ne se cicatrisent jamais. Sans les passions haineuses puisées à cette source, qui pourrait croire qu'un individu, dont la vie était partagée entre la direction d'un journal quotidien, la rédaction de placards sans nombre dont il couvrait les murs de Paris, et les luttes de la Convention, les combats non moins acharnés des clubs ; qu'un individu qui, en outre, s'était donné la tâche d'imposer au pays la loi agraire, trouverait le temps d'écrire des lettres très-étendues contre les anciens adversaires officiels de ses mauvaises expériences, de ses absurdes théories, de ses élucubrations sans érudition et sans talent : des lettres où les Monge, les Laplace, les Lavoisier, sont traités avec un tel oubli de la justice et de la vérité, avec un tel cynisme, que mon respect pour cette assemblée m'interdit d'y puiser une seule citation.

Ce n'était donc pas seulement le maire de Paris que poursuivait le prétendu ami du peuple ; c'était aussi l'académicien Bailly. Mais le savant illustre, mais le vertueux magistrat, ne donnaient aucune prise à des inculpations nettes et précises. Le hideux folliculaire le comprit à merveille ; aussi se jeta-t-il dans des insinuations vagues, sans réfutation possible, méthode qui, pour le dire en passant, n'a pas manqué d'imitateurs. Marat s'écriait chaque jour : « Que Bailly rende ses comptes ! » et la plus puissante figure de rhétorique, comme disait Napoléon, la répétition, finit par faire pénétrer des doutes dans une portion stupide du public, dans quelques esprits faibles, ignorants et crédules du conseil de la commune ; et le scrupuleux magistrat voulut, en effet, rendre ses comptes. Les voici en deux lignes : Bailly n'eut jamais aucun maniement de fonds publics. Il sortit de l'Hôtel de Ville après y avoir dépensé les deux tiers de sa fortune patrimoniale. Si la durée de ses fonctions s'était prolongée, il se serait retiré complétement ruiné. Avant que la commune lui assignât des appointements, la dépense de notre confrère, en aumônes, dépassait déjà 30,000 livres.

C'est là, Messieurs, le résultat final. Les détails seraient plus piquants, et le nom de Bailly les ennoblirait. Je pourrais montrer notre confrère intervenant une seule fois, avec sa femme, pour régler l'ameublement des appartements que la commune lui assignait ; en faire rejeter tout ce qui avait quelque apparence de luxe ou même d'élégance ; remplacer les services de porcelaine par de la faïence, des tapis neufs par les tapis à demi usés de M. de Crosnes, des secrétaires en acajou par des secrétaires en noyer, etc. ; mais tout ceci semblerait une critique indirecte qui est loin de ma pensée. Par les mêmes motifs, je ne dirai pas que, ennemi de toute sinécure, de tout cumul d'appointements, quand les fonctions ne sont pas remplies, le maire de Paris, depuis qu'il n'assistait plus régulièrement aux séances de l'Assemblée nationale, ne touchait point les honoraires de député, et que cette circonstance fut constatée, au grand ébahissement des imbéciles dont les clameurs de Marat avaient troublé l'esprit. Je rapporterai, au contraire, que Bailly refusa tout ce qui, dans les revenus des prévôts des marchands, ses prédécesseurs, provenait d'une source impure ; et, par exemple, les attributions sur les loteries, dont les produits furent, par ses ordres, constamment versés dans les caisses de la commune.

Vous le voyez, Messieurs, je n'ai eu nulle peine à montrer que le désintéressement de Bailly était grand, éclairé, dicté par la vertu, et qu'il marchait au moins l'égal de ses autres qualités éminentes. Dans la série d'accusations que j'ai extraites des pamphlets de l'époque, il en est une, tout considéré, sur laquelle je renonce à défendre Bailly. Il accepta une livrée de la ville, ce qu'on ne blâme point ; mais les couleurs en étaient très-éclatantes ! Peut-être les inventeurs de ces vives nuances avaient-ils imaginé que les insignes du premier magistrat de la capitale, dans une cérémonie, dans une foule, devaient, comme la lumière d'un phare, frapper même des yeux inattentifs. Mais ces explications regardent ceux qui voudront faire de Bailly un être de raison, un personnage absolument sans défauts ; moi, quoique son admirateur, je me résigne à confesser que, dans une vie laborieuse, parsemée de tant d'écueils, il a commis la faute horrible, impardonnable, si l'on veut, d'avoir accepté de la commune une livrée à couleurs éclatantes.

Bailly ne figura dans les événements du mois d'octobre 1789 que par les efforts inutiles qu'il fit à Paris, de concert avec Lafayette, pour empêcher un nombreux attroupement de femmes de se porter sur Versailles. Lorsque cet attroupement, considérablement grossi, revint le 6 octobre, escortant très-tumultueusement les voitures de la famille royale, Bailly harangua le roi à la barrière de la Conférence. Trois jours après, il complimentait aussi la reine aux Tuileries, au nom du conseil municipal.

En se retirant de l'Assemblée nationale, qu'il appelait alors une caverne d'anthropophages, Lally-Tollendal publia une Lettre dans laquelle il inculpa amèrement Bailly à l'occasion de ces discours. Lally s'indignait en se rappelant que le jour où le roi rentra dans la capitale en prisonnier, entouré d'une foule très-peu respectueuse et précédé des têtes de ses malheureux gardes du corps, avait semblé à Bailly un beau jour !

Supposez les deux têtes dans le cortége, et Bailly devient inexcusable ; mais on a confondu les époques, ou, plus exactement, les heures ; mais les misérables qui, après un conflit avec les gardes du corps, portèrent à Paris leurs barbares trophées, partirent de Versailles dans la matinée ; mais ils furent arrêtés et emprisonnés, par ordre de la municipalité, dès qu'ils eurent franchi les barrières de la capitale. Ainsi la circonstance hideuse rapportée par Lally était le rêve d'une imagination égarée.

COUP D'ŒIL SUR LES MÉMOIRES POSTHUMES DE BAILLY.

Les Mémoires de Bailly m'ont servi jusqu'ici de guide ou de contrôle ; au moment où cette ressource va me manquer, jetons un regard sur cette œuvre posthume.

Je n'ai dû envisager ces Mémoires que dans ce qui avait trait à la vie publique et privée de notre confrère. Les historiens pourront les étudier sous un point de vue plus général. Ils y trouveront des faits précieux, vus sans passion ; une ample matière à ces réflexions neuves et fécondes sur la manière dont les révolutions naissent, agrandissent et conduisent à des catastrophes. Bailly est moins positif, moins absolu, moins tranchant, que la plupart de ses contemporains, même à l'égard des événements dans lesquels les circonstances lui assignèrent le principal rôle ; aussi, lorsqu'il signale quelque basse intrigue en termes nets et catégoriques, inspire-t-il une entière confiance.

Quand l'occasion le comporte, Bailly loue avec effusion ; une noble action le comble de joie ; il la recueille et la raconte avec amour. Cette disposition d'esprit est assez rare pour mériter qu'on la remarque.

Le jour, déjà bien tardif, où l'on arrivera enfin à reconnaître que notre grande révolution a offert, même à l'intérieur, même aux époques les plus cruelles, autre chose que des scènes anarchiques et sanguinaires ; le jour où, semblable aux intrépides pêcheurs du golfe Persique et des côtes de Ceylan, un écrivain chaleureux et impartial consentira à plonger tête baissée dans l'océan de faits de toute espèce dont nos pères ont été témoins, à y saisir exclusivement les perles, à rejeter dédaigneusement la vase ; les Mémoires de Bailly fourniront à cette œuvre nationale un glorieux contingent. Deux ou trois citations expliqueront ma pensée et montreront, en outre, avec quel scrupule Bailly enregistrait tout ce qui pouvait honorer notre pays.

Je prendrai le premier fait dans l'ordre militaire : un grenadier, garde française, sauve de la mort son chef, dont le peuple croyait avoir beaucoup à se plaindre. « Grenadier, quel est ton nom ? s'écrie le duc du Châtelet, plein de reconnaissance. — Colonel, repartit le soldat, mon nom est celui de tous mes camarades. »

J'emprunte le second fait à l'ordre civil : Étienne de Larivière, un des électeurs de Paris, avait été, le 20 juillet, chercher Berthier de Sauvigny, fatalement arrêté à Compiègne, sur le bruit mensonger que l'assemblée de l'Hôtel de Ville voulait le faire poursuivre comme intendant de l'armée dont, peu de jours auparavant, la capitale était entourée. Le voyage se faisait en cabriolet découvert, et au milieu des rugissements d'une population égarée, qui imputait au prisonnier la rareté et la mauvaise qualité du pain. Vingt fois, des fusils, des pistolets, des sabres, auraient tranché la vie de Berthier, si vingt fois le membre de la commune de Paris ne l'avait volontairement couvert de son corps. Lorsqu'on arriva dans les rues de la capitale, le cabriolet eut à traverser une foule immense, compacte, dont l'exaspération tenait du délire, et qui évidemment voulait se porter aux dernières extrémités ; ne sachant lequel des deux voyageurs était l'intendant de Paris, on se mit à crier : « Que le prisonnier mette chapeau bas ! » Berthier obéit, mais Larivière se découvrit au même instant.

Tous les partis gagneraient à l'exécution d'un travail que j'appelle de tous mes vœux. Pour moi, je serais fâché, je l'avoue, de n'y point voir la réponse que fit à l'empereur François II un des nombreux officiers qui commirent la faute, si loyalement avouée depuis, dont personne aujourd'hui ne se rendrait coupable, d'aller joindre leurs armes à celles de l'étranger. Le prince autrichien, après son couronnement, affectait dans une revue de faire admirer à notre compatriote la belle tenue de ses troupes : « Voilà, s'écria-t-il enfin, de quoi bien battre les sans-culottes. — C'est ce qu'il faudra voir ! » repartit sur le-champ l'officier émigré.

Puissent ces citations porter quelque écrivain habile à ériger à la gloire de notre pays un monument qui nous manque ! Il y a là, ce me semble, de quoi tenter de légitimes ambitions. Plutarque ne s'est-il pas immortalisé en sauvant de l'oubli de nobles actions et de belles paroles ?

EXAMEN DE L'ADMINISTRATION DE BAILLY COMME MAIRE.

L'illustre maire de Paris n'eut le temps de pousser la rédaction de ses souvenirs que jusqu'à la date du 2 octobre 1789. L'analyse et l'appréciation des événements postérieurs à cette époque resteront dépourvues de la sanction imposante, pure comme la vertu, nette et précise comme la vérité, que je trouvais sous la plume de notre confrère. Xénocrate, disent les historiens, célèbre chez les Grecs par son honnêteté, fut appelé à témoigner devant un tribunal. Comme il s'avançait vers l'autel, suivant le mode accoutumé, les juges, d'une commune voix, l'arrêtèrent : « Ces formalités, dirent-ils, ne sont pas faites pour vous ; un serment n'ajouterait rien à l'autorité de vos paroles. » Tel, Bailly se présente au lecteur des Mémoires posthumes. Aucune de ses assertions ne laisse prise à l'indécision ou au doute. Il n'a pas besoin, pour convaincre, de grands mots et de protestations ; le serment lui-même n'ajouterait rien à l'autorité de ses paroles. Il peut se tromper ; jamais il n'est trompeur.

Je n'épargnerai aucun effort pour donner au tableau de la dernière partie de la vie de Bailly toute l'exactitude qui peut résulter d'une comparaison sincère, consciencieuse, des écrits que les partisans et les ennemis de notre grande révolution ont publiés. Tel est cependant mon désir de ne point laisser confondre deux phases, à mes yeux bien distinctes, que je ferai ici une pause pour jeter sur les actes, et sur diverses publications de notre confrère, un coup d'œil scrupuleux. J'aurai d'ailleurs ainsi une occasion naturelle de combler d'importantes lacunes.

Je lis dans un article biographique, d'ailleurs très bienveillant, que Bailly fut nommé le jour même, et après l'assassinat de M. de Flesselles ; et en faisant ce rapprochement, on avait voulu insinuer que le premier maire de Paris reçut cette haute dignité de la main sanglante d'une horde de misérables. Le savant biographe, malgré son bon vouloir, a mal repoussé la calomnie. Avec un peu plus d'attention, il aurait mieux réussi. Une simple comparaison de chiffres suffisait. La mort de M. de Flesselles est du 14 juillet ; Bailly fut nommé le sur lendemain.

J'adresserai la même remarque aux auteurs d'un Dictionnaire biographique encore plus moderne, et dans lequel on parle des efforts impuissants que fit Bailly pour empêcher la multitude de massacrer le gouverneur de la Bastille (de Launay). Bailly n'eut point d'effort à tenter ; il était à Versailles ; aucun devoir ne l'appelait à Paris, dont il ne devint maire que le sur lendemain de la prise de la forteresse. Les erreurs qu'on aurait évitées en mettant deux dates en regard sont vraiment inexcusables.

Beaucoup de personnes, très-peu au fait de l'histoire contemporaine, imaginent que pendant toute la durée de l'administration de Bailly, Paris fut un vrai coupe-gorge. Voilà le roman ; voici la vérité :

Bailly fut maire pendant deux ans et quatre mois. Dans cet intervalle, il y eut dans la capitale quatre assassinats politiques : ceux de Foulon et de Berthier de Sauvigny, son gendre, à l'Hôtel de Ville ; l'assassinat de M. Durocher, respectable officier de gendarmerie, tué à Chaillot d'un coup de fusil, en août 1789 ; celui d'un boulanger massacré dans une émeute au mois d'octobre de la même année. Je ne parle pas de l'assassinat de deux malheureux, au Champ-dc-Mars, en juillet 1791, ce fait déplorable devant être examiné séparément.

Les individus coupables de l'assassinat du boulanger furent saisis, condamnés à mort et exécutés. La famille de la malheureuse victime devint l'objet des égards empressés de toutes les autorités et obtint une pension.

La mort de M. Durocher fut imputée à des soldats suisses en révolte.

Les horribles et à jamais déplorables assassinats de Foulon et de Berthier sont de ces malheurs que, dans des circonstances données, aucune puissance humaine ne saurait empêcher.

Dans les temps de disette, il suffit d'une parole légère, vraie ou supposée, pour engendrer une terrible émeute.

On fait dire à Réveillon qu'un ouvrier peut vivre avec quinze sous, et la manufacture de ce négociant est détruite de fond en comble.

On prête à Foulon ce propos barbare : « Je forcerai le peuple à manger du foin ; » et, sans aucun ordre des autorités constituées, des paysans voisins de l'ancien ministre l'arrêtent, le conduisent à Paris, son gendre éprouve le même sort, et la populace affamée les immole tous deux.

Autant la multitude me paraît insensée et coupable quand elle s'en prend à certains hommes en évidence, d'une rareté de denrées qui est la conséquence manifeste de l'intempérie des saisons ; autant je serais disposé à excuser sa colère contre les auteurs de disettes factices. Eh bien, Messieurs, à l'époque de l'assassinat de Foulon, le peuple, trompé par des orateurs passionnés de l'Assemblée constituante, pouvait, disons mieux, devait croire qu'on l'affamait à plaisir. Foulon périt le 22 juillet 1789 ; le 15, c'est-à-dire sept jours auparavant, Mirabeau jetait aux habitants de la capitale, du haut de la tribune nationale, ces paroles incendiaires :

« Henri IV faisait entrer des vivres dans Paris assiégé et rebelle ; et des ministres pervers interceptent maintenant les convois destinés pour Paris affamé et soumis. »

Et l'on a eu la naïveté de s'étonner des assassinats de Foulon, de Berthier ! En me reportant par la pensée au mois de juillet 1789, j'aperçois dans l'imprudente apostrophe de l'éloquent tribun plus de sanglants désordres que l'histoire contemporaine n'a dû en enregistrer.

Un des membres les plus honorables, les plus respectables et les plus respectés de l'Institut, ayant été amené, dans un ouvrage récent, à raconter l'assassinat de Foulon, a porté sur la conduite de Bailly, dans cette cruelle circonstance, un jugement que j'ai lu avec surprise et douleur. Foulon était détenu à l'Hôtel de Ville. Bailly descendit sur la place et parvint un moment à calmer la multitude. « Je n'imaginais pas, dit le maire dans ses Mémoires, qu'on pût forcer l'Hôtel de Ville, poste bien gardé et objet de respect pour tous les citoyens. Je jugeai donc le prisonnier parfaitement en sûreté ; je ne doutais pas que les flots de cette tempête ne finissent par se calmer, et je partis. »

L'honorable auteur de l'*histoire du rogne de Louis XVI* oppose à ce passage les paroles suivantes tirées des procès-verbaux de l'Hôtel de Ville : « Les électeurs (ceux qui avaient accompagné Bailly sur la place) ont rapporté dans la salle la certitude que le calme serait de peu de durée. » Le nouvel historien ajoute : « Comment le maire se fit-il seul illusion ? Il est trop évident que, dans une telle journée, on ne pouvait être assez certain de la tranquillité publique pour que le premier magistrat de la ville s'absentât sans mériter le reproche de faiblesse. » Le reste du passage montre avec trop d'évidence que, dans l'esprit de l'auteur, faiblesse était ici synonyme de lâcheté.

C'est contre cela, Messieurs, que je proteste de toute la puissance de mon âme. Bailly s'absenta parce qu'il ne croyait pas que l'Hôtel de Ville pût être forcé. Les électeurs, dans le passage cité, n'émettent point une opinion différente. Où est donc la contradiction ?

Bailly se trompa dans ses prévisions, car la multitude fit irruption dans l'Hôtel de Ville. Il y eut là, si on le veut, une erreur de jugement ; mais le courage du maire, rien au monde n'autorisait à le révoquer en doute.

Pour décider après coup, avec si peu d'hésitation et de ménagement, que Bailly ne devait pas s'absenter de la maison commune, il fallait oublier combien, en pareilles circonstances, étaient impérieuses et multipliées les obligations du premier magistrat de la cité ; il fallait surtout ne pas se souvenir que chaque jour l'approvisionnement en farine nécessaire à la nourriture de sept à huit cent mille habitants dépendait des mesures adoptées la veille. M. de Crosne, qui, en cessant d'être lieutenant de police, n'avait pas cessé d'être citoyen, fut quelques jours, pour Bailly, un conseiller très-éclairé et plein de zèle ; mais le jour de l'arrestation de Foulon, ce magistrat démissionnaire se crut perdu. Lui et sa famille firent un appel à la reconnaissance et à l'humanité de notre confrère. C'est à leur procurer un refuge que furent employées les heures d'absence tant reprochées à Bailly ; ces heures pendant lesquelles arriva une catastrophe que le maire n'eût pas empêchée, puisque les efforts surhumains du général Lafayette, commandant la force armée, restèrent inutiles. J'ajouterai que, pour épargner à M. de Crosne une arrestation arbitraire, et dont la mort de Berthier démontrait trop bien, hélas ! l'immense danger, Bailly s'absenta encore de l'Hôtel de Ville dans la nuit du 22 au 23 juillet, et qu'il accompagna l'ancien lieutenant de police jusqu'à une grande distance de Paris.

Il n'est pas de plus douloureux spectacle que celui d'un honnête homme attaquant à tort un honnête homme.

Messieurs, n'en laissons jamais volontairement la satisfaction et le bénéfice aux méchants.

Pour apprécier avec impartialité et justice les actes de nos devanciers, il serait indispensable d'avoir constamment sous les yeux le tableau des difficultés inouïes que la révolution eut à surmonter, et celui des moyens de répression très-restreints dont les autorités pouvaient disposer à l'origine.

La rareté des subsistances fit naître bien des embarras, bien des crises ; mais des causes d'une tout autre nature n'eurent pas moins d'influence sur la marche des événements.

Bailly parle, dans ses Mémoires, des manœuvres d'une faction redoutable travaillant pour… sous le nom du… Les noms sont en blanc. Certain éditeur de l'ouvrage a rempli la lacune. Je n'aurai pas la même hardiesse. Je voulais seulement remarquer que Bailly avait à combattre à la fois l'effervescence spontanée de la multitude et les intrigues d'une foule d'agents secrets répandant l'argent à pleines mains.

Quelque jour, disait notre confrère, on connaîtra le génie infernal qui dirigeait ces abominables intrigues, et le *bailleur de fonds*. Quoique les noms propres manquent, il n'est pas douteux que des ennemis de la Révolution la poussaient à de déplorables excès.

Ces ennemis avaient concentré dans la capitale trente à quarante mille étrangers et gens sans aveu. Que pouvait-on leur opposer ? Les tribunaux ? Ils étaient sans force morale et ennemis déclarés de la Révolution. La garde nationale ? Elle venait de naître ; les chefs se connaissaient à peine entre eux, et, à leur tour, ils ne connaissaient pas ceux qui devaient leur obéir. Était-il du moins permis de compter sur la force armée régulière ? Elle se composait de six bataillons de gardes françaises sans officiers ; de six mille soldats qui, de tous les points de la France, étaient accourus isolément à Paris, après avoir lu dans les gazettes ces paroles du général Lafayette : « On parle de déserteurs ! Les vrais déserteurs sont ceux qui n'ont pas abandonné leurs drapeaux. » Il y avait enfin dans Paris six cents gardes suisses, déserteurs de leurs régiments ; car, disons-le avec franchise, le célèbre monument de Lucerne n'empêchera pas, aux yeux de l'histoire impartiale et éclairée, de reconnaître que les Suisses eux-mêmes avaient éprouvé la fièvre révolutionnaire.

Ceux qui, avec d'aussi misérables moyens de répression, se seraient flattés d'empêcher absolument tout désordre, dans une ville de sept à huit cent mille âmes en fermentation, auraient été bien aveugles. Ceux, d'autre part, qui prétendraient faire planer la responsabilité des désordres sur Bailly, déclareraient par cela même que les honnêtes gens doivent se tenir à jamais éloignés des affaires en temps de révolution.

L'administrateur, cet être de création toute moderne, déclare aujourd'hui, avec la plus risible suffisance, que Bailly n'était pas à la hauteur des fonctions de maire de

Paris. C'est, dit-il, par une faveur imméritée que sa statue a été placée sur la façade de l'Hôtel de Ville. Railly, pendant sa magistrature, n'a créé, dans la capitale, aucune vaste place, il n'a pas percé de grandes rues, il n'a point élevé de monument splendide ; Bailly aurait donc mieux fait de rester astronome, érudit ou littérateur.

L'énumération de toutes les constructions que Bailly ne fit point est exacte. On aurait pu même ajouter que, loin de consacrer les fonds municipaux à bâtir, il fit démolir, jusque dans ses fondations, l'immense et menaçant château de la Bastille ; mais cela n'enlèverait pas à Bailly l'honneur d'avoir été un des magistrats les plus éclairés dont la ville de Paris puisse se glorifier.

Bailly n'a élargi aucune rue, n'a élevé aucun palais pendant les vingt-huit moi ? de son administration ! non, sans doute ! car, d'abord, il fallait donner du pain aux habitants de Paris ; or les revenus de la ville, ajoutés aux sommes quotidiennement fournies par Necker, suffisaient à peine à ces premiers besoins. Quelques années auparavant, les Parisiens avaient vu établir avec un déplaisir extrême des droits d'entrée sur les substances alimentaires. Les écrivains de l'époque ont conservé cet alexandrin burlesque qui, au moment de la construction du mur d'octroi, fut placardé dans tous les carrefours :

Le mur murant Paris rend Paris murmurant

La multitude, dès que l'occasion lui parut favorable, ne se contenta pas de murmurer ; elle se porta aux barrières et les brisa. L'administration les rétablit à grand'peine, et souvent les contrebandiers les enlevaient de vive force. Les revenus de l'octroi, qui, auparavant, montaient à 70,000 francs par mois, tombèrent au-dessous de 30,000 francs. Ceux qui auront rapproché ces chiffres des revenus actuels, renonceront certainement à comparer des époques qui se ressemblent si peu.

Mais, dit-on, les améliorations dans le monde moral peuvent souvent se réaliser sans dépenses. Quelles sont celles dont on a été redevable à l'action directe de Bailly ? La question est nette, mais on se repentira de l'avoir posée. Voici ma réponse :

Une des plus honorables conquêtes des mathématiques sur les préjugés cupides des administrations de certaines villes a été, de nos jours, la suppression radicale des maisons de jeu. Je me hâte de prouver que cette suppression occupait déjà la pensée de Bailly, qu'il l'avait en partie opérée, et que personne ne parla jamais de ces odieux tripots avec plus de fermeté et d'éloquence.

« Je déclare, écrivait le maire de Paris le 5 mai 1790, que les maisons de jeu sont à mes yeux un fléau public. Je pense que ces assemblées, non-seulement ne doivent pas être tolérées, mais qu'elles doivent être recherchées et poursuivies, autant que la liberté des citoyens et le respect dû à leur asile peuvent le permettre.

« Je regarde comme un tribut honteux la taxe qui a été souvent imposée sur ces maisons. Je ne crois pas qu'il soit permis d'employer, même à faire le bien, le produit du vice et des désordres. En conséquence de ces principes, je n'ai jamais donné aucune permission pour les maisons de jeu ; je les ai constamment refusées. J'ai constamment annoncé que non-seulement il n'y aurait point de tolérance, mais qu'il y aurait recherches et poursuites. »

Si j'ajoute que les spectacles de combats d'animaux, dans lesquels la multitude ne peut manquer de prendre des habitudes féroces et sanguinaires, furent supprimés par Bailly, j'aurai le droit de demander à maint écrivain superficiel comment il justifierait l'épithète de stérile, appliquée avec tant d'assurance à l'administration de notre vertueux confrère.

Jaloux de porter dans le monde des faits ce que les déclarations des droits avaient largement reconnu en théorie, la séparation complète de la religion et de la loi civile, Bailly se présenta, le 14 mai 1791, devant l'Assemblée nationale, et demanda, au nom de la ville de Paris, l'abolition d'un ordre de choses qui, dans la disposition des esprits, donnait lieu à de graves abus. Si aujourd'hui les déclarations de naissance, de mariage et de mort sont reçues, par les officiers civils, dans une forme conciliable avec toutes les opinions religieuses, le pays en est principalement redevable à l'intelligente fermeté de Bailly.

Les malheureux sur lesquels tout homme public doit, de préférence, porter sa sollicitude, sont les prévenus qui attendent sous les verrous les arrêts de la justice. Bailly n'eut garde d'oublier un pareil devoir. À la fin de 1790, les anciens tribunaux n'avaient aucune force morale ; ils ne pouvaient plus fonctionner ; les nouveaux n'étaient pas encore créés. Cet état de choses déchirait l'âme de notre confrère. Le 18 novembre, il exhalait sa douleur devant l'Assemblée nationale, en termes pleins de sensibilité et i d'onction. Je serais coupable de les laisser dans l'oubli :

« Messieurs, les prisons sont remplies. L'innocent y attend sa justification ; le criminel la fin de ses remords. Tous y respirent un air malsain, et la maladie est près d'y prononcer des arrêts terribles. Le désespoir y habite, le désespoir y dit : Ou donnez-moi la mort, ou jugez-moi. Quand nous visitons ces prisons, voilà ce qu'entendent les pères des pauvres et des malheureux ; voilà ce que leur devoir est de répéter aux pères de la patrie. Nous devons leur dire que, dans ces asiles du crime, de la misère et de toutes les douleurs, le temps est infini dans sa durée : un mois est un siècle, un mois est un abîme dont la vue est épouvantée… Nous demandons des tribunaux qui vident les prisons par la justification de l'innocence, ou par des exemples de justice. »

Ne vous semble-t-il pas, Messieurs, que les temps de calme pourront aller quelquefois puiser d'excellentes leçons, et, ce qui ne gâte rien, des leçons exprimées en de très-bons termes, dans nos temps révolutionnaires ?

FUITE DU ROI. — ÉVÉNEMENTS DU CHAMP-DE-MARS.

Le mois d'avril 1791 vint apprendre à Bailly que son influence sur la population parisienne allait en déclinant. Le roi avait annoncé qu'il partirait le 18 et resterait quelques jours à Saint-Cloud. Des raisons de santé étaient la cause ostensible de ce départ. Des scrupules religieux étaient peut-être la cause réelle : la semaine sainte approchait, et le roi ne voulait point avoir de communications avec les ecclésiastiques assermentés de sa paroisse. Bailly ne s'inquiétait point de ce projet de voyage ; il le voyait même avec satisfaction. Les cours étrangères, disait notre confrère, regardent le roi comme prisonnier. La sanction qu'il donne aux décrets leur paraît arrachée par la violence : la présence de Louis XVI à Saint-Cloud fera évanouir tous ces bruits mensongers. Bailly se concerta donc avec La Fayette pour protéger le départ de la famille royale ; mais la population de Paris, moins confiante que son maire, voyait déjà le roi s'échappant de Saint-Cloud et se réfugiant au milieu des armées étrangères. Elle se porta aux Tuileries, et, malgré tous les efforts de Bailly et de son collègue, les voitures de la cour ne purent faire un seul pas. Le roi et la reine, après une heure et demie d'attente dans leur carrosse, remontèrent au château.

Rester au pouvoir après un pareil échec, c'était donner à son pays la plus admirable preuve de dévouement.

Dans la nuit du 20 au 21 juin 1791, le roi quitta les Tuileries. Cette fuite, si fatale à la monarchie, détruisit sans retour l'ascendant que notre confrère exerçait sur la capitale. Le peuple, d'ordinaire, juge d'après l'événement. Le roi, disait-il, est sorti librement du château avec la reine et ses deux enfants. Le maire de Paris était leur complice, car il a les moyens de tout savoir ; autrement on pourrait l'accuser d'incurie, de la plus coupable négligence.

Ces attaques ne retentissaient pas seulement dans les boutiques, dans les rues, dans les carrefours ; des clubs fortement organisés s'en rendirent aussi les échos. Le maire répondit d'une manière péremptoire, mais sans détruire entièrement l'effet des premières impressions. Dans les journées qui suivirent la fuite du roi, Bailly et La Fayette coururent des dangers personnels. L'Assemblée nationale eut plusieurs fois à s'occuper de leur sûreté.

J'arrive maintenant à une partie douloureuse de ma tâche, à un événement affreux qui amena, plus tard, la mort cruelle de Bailly ; à une catastrophe sanglante dont le récit m'imposera, peut-être, le pénible devoir de laisser planer un peu de blâme sur quelques actes du vertueux citoyen que, jusqu'ici, il m'a été si doux de louer sans aucune restriction.

La fuite du roi exerça une immense influence sur la marche de notre première révolution. Elle jeta dans le parti républicain des personnages politiques considérables qui, jusque-là, avaient espéré réaliser l'alliance du gouvernement d'un seul et des idées démocratiques.

Mirabeau, peu de temps avant sa mort, ayant entendu parler de ce projet de fuite, disait à Cabanis : « J'ai défendu la monarchie jusqu'au bout ; je la défends encore quoique je la croie perdue… Mais, si le roi part, je monte à la tribune, je fais déclarer le trône vacant et proclamer la république. »

Après le retour de Varennes, le projet de substituer le gouvernement républicain au gouvernement monarchique fut très-sérieusement discuté chez les membres les plus modérés de l'Assemblée nationale, et l'on sait aujourd'hui que le duc de La Rochefoucauld et Dupont (de Nemours), par exemple, opinèrent décidément pour la république. Mais c'était surtout dans les clubs que l'idée de ce changement radical avait pris faveur. Lorsque la Commission de l'Assemblée nationale se fut prononcée, par l'organe de M. Muguet, dans sa séance du 13 juillet 1791, contre la déchéance de Louis XVI, il y eut dans Paris une grande fermentation. Des agents du club des Cordeliers firent signer les premiers, le 14 juillet, une pétition contre la décision proposée. L'Assemblée refusa de la lire et même de la recevoir. Sur la motion de Laclos, le club des Jacobins en rédigea une autre. Celle-ci, après avoir subi des modifications graves, devait être signée le 17, au Champ-de-Mars, sur l'autel de la patrie. Ces projets se discutaient en plein soleil. L'Assemblée nationale les jugea anarchiques. Le 16 juillet, elle appela à sa barre la municipalité de Paris, et lui enjoignit de recourir à la force, s'il le fallait, pour réprimer des mouvements coupables.

Le conseil de la commune fit afficher, dans la matinée du 17, la proclamation qu'elle avait rédigée, d'après les ordres de l'Assemblée nationale. Des officiers municipaux allaient, à son de trompe, la lire sur les places publiques. Autour de l'Hôtel de Ville, des dispositions militaires, commandées par La Fayette, faisaient prévoir quelque sanglant conflit. Tout à coup, à l'ouverture de la séance de l'Assemblée nationale, le bruit se répandit que deux bons citoyens ayant osé dire au peuple, assemblé autour de l'autel de la patrie, qu'il fallait obéir à la loi, avaient été mis à mort, et que leurs têtes, placées sur des piques, étaient promenées dans la ville. La nouvelle de cet attentat excita l'indignation de tous les députés, et, sous cette impression, Alexandre Lameth, alors président de l'Assemblée, transmit à Bailly, de son propre mouvement, de nouveaux ordres très-sévères, circonstance qui, pour le dire en passant, n'est connue que depuis peu d'années.

Le corps municipal, dès qu'il eut connaissance, vers onze heures du matin, des deux assassinats, députa trois de ses membres munis de pleins pouvoirs, pour rétablir l'ordre. De forts détachements accompagnaient les officiers municipaux. Vers deux heures, la nouvelle se répandit qu'on avait jeté des pierres à la garde nationale. Le conseil municipal fit à l'instant proclamer la loi martiale sur la place de Grève, et suspendre le drapeau rouge à la principale fenêtre de l'Hôtel de Ville. À cinq heures trente minutes, au moment où le corps municipal se mettait en route pour le Champ-de-Mars, les trois conseillers, envoyés le matin sur le lieu du désordre, rentrèrent accompagnés d'une députation de douze personnes, prises parmi les pétitionnaires. Les explications, échangées de part et d'autre, donnèrent lieu à une nouvelle délibération du conseil. La première décision fut maintenue, et à six heures la municipalité se mit en marche avec le drapeau rouge, trois pièces de canon, et de nombreux détachements de la garde nationale.

Bailly, chef de la municipalité, se trouva alors dans une de ces situations solennelles et périlleuses, où un homme devient responsable aux yeux de tout un pays, aux yeux de la postérité, des actes irréfléchis ou coupables de la multitude passionnée qui l'entoure, qu'il connaît à peine et sur laquelle il n'a presque point d'action.

La garde nationale, à ces premières époques de la révolution, était fort difficile à conduire et à gouverner. Dans ses rangs, l'insubordination paraissait la règle ; l'obéissance hiérarchique, la très-rare exception. Ma réflexion semblera peut-être sévère : eh ! Messieurs, parcourez les écrits du temps, la Correspondance de Grimm, par exemple, et vous verrez, à la date de novembre 1790, un capitaine démissionnaire répondant à sa compagnie désolée : «Consolez-vous, mes camarades, je ne vous quitte pas ; seulement, je serai désormais simple fusilier. Si vous me voyez résolu à ne plus rester votre chef, c'est que je suis bien aise de commander à mon tour.»

Il est permis, en outre, de supposer que la garde nationale de 1791 manquait, en présence des attroupements, de cette patience, de cette longanimité dont la troupe de ligne française a donné souvent de si parfaits modèles. Elle ne comprenait pas assez que, dans une grande ville, les rassemblements se composent, en majeure partie, de désœuvrés et de curieux.

Il était sept heures trente minutes quand le corps municipal arriva au champ de la fédération (Champ-de-Mars). Aussitôt, des individus placés sur les glacis crièrent : « A bas le drapeau rouge ! à bas les baïonnettes ! » et lancèrent des pierres. Il y eut même un coup de feu. On fit une décharge en l'air pour effrayer ; mais les cris reprirent bientôt ; des pierres furent lancées de nouveau ; alors seulement commença la fusillade meurtrière c'e la garde nationale.

Voilà, Messieurs, le déplorable événement du Champ-de-Mars, fidèlement analysé d'après la relation que Bailly en donna lui-même le 18 juillet à l'Assemblée constituante. Ce récit, dont personne assurément moins que moi n'attaquera la sincérité, offre des lacunes involontaires, mais très-graves. Je les signalerai lorsque la marche des événements nous conduira, à la suite de notre malheureux confrère, au tribunal révolutionnaire.

BAILLY QUITTE LA MAIRIE LE 12 NOVEMBRE 1791. — LES ÉCHEVINS. — EXAMEN DES REPROCHES QU'ON PEUT ADRESSER AU MAIRE.

Je reprends la vie de Bailly au moment où il quitta l'Hôtel de Ville après une magistrature d'environ deux années.

Le 12 novembre 1791, Bailly convoqua le conseil de la commune, rendit compte de sa gestion, invita solennellement ceux qui croiraient avoir à se plaindre de lui à le dire sans aucune réserve, décidé qu'il était à s'incliner devant toute réclamation légitime, installa son successeur Pétion, et se retira. Cette séparation n'amena, de la part des collaborateurs de l'ancien maire, aucune de ces démonstrations partant du cœur, qui sont la vraie, la plus douce récompense de l'homme de bien.

J'ai cherché la cause cachée d'une hostilité si constante, si peu déguisée, contre le premier maire de Paris. Je me suis demandé d'abord si les manières du magistrat avaient pu exciter les susceptibilités des échevins. La réponse a été décidément négative. Bailly montrait dans toutes les relations de la vie une patience, une douceur, une déférence pour les opinions d'autrui qui auraient défié l'amour propre le plus susceptible.

Fallait-il mettre la jalousie en jeu ? Non, non ; les personnages obscurs qui composaient le conseil de la ville ne pouvaient sans démence prétendre lutter en public de considération et de gloire avec l'illustre auteur de *l'Histoire de l'astronomie,* avec le savant, l'écrivain, l'érudit qui appartenait à nos trois principales Académies, honneur dont le seul Fontenelle avait joui auparavant.

Disons-le hautement, car telle est notre conviction, rien de personnel n'excitait les mauvais procédés, les actes d'insubordination que Bailly, presque chaque jour, avait à reprocher à ses nombreux collaborateurs. Il est même présumable que, dans sa position, tout autre aurait eu à enregistrer des griefs encore plus graves et plus nombreux. Soyons vrai : lorsque *l'aristocratie du rez-de chaussée,* suivant l'expression d'un des plus illustres membres de l'Académie française, fut appelée par les mouvements révolutionnaires à remplacer *l'aristocratie du premier étage,* la tête lui tourna. N'ai-je pas, disait-elle, conduit avec probité et succès les transactions du magasin, de l'atelier, du comptoir, etc. ; pourquoi ne réussirais-je pas de même dans le maniement des affaires publiques ? Et cette fourmilière de nouveaux hommes d'État avait hâte de se mettre à l'œuvre, et tout contrôle lui devenait importun, et chacun voulait pouvoir dire en rentrant dans son quartier : « J'ai rédigé tel acte qui enchaînera à jamais les factions ; j'ai réprimé telle ou telle émeute ; je viens, enfin, de sauver le pays en proposant et faisant adopter telle ou telle mesure de salut public. » Le pronom *je* chatouille si agréablement l'oreille d'un parvenu !

Ce que l'échevin pur sang, ancien ou moderne, redoute par-dessus toutes choses, ce sont les spécialités. Il à une antipathie insurmontable pour les hommes qui ont conquis à la face du monde les titres honorables d'historien, de géomètre, de mécanicien, d'astronome, de physicien, de chimiste, de géologue, etc... Son désir, sa volonté est de parler sur toutes choses. Il lui faut donc des collaborateurs qui ne puissent pas le contredire.

La ville construit-elle un édifice, l'échevin argumente à perte de vue sur l'orientation de ses façades. Il déclare, avec l'imperturbable assurance que lui inspire un fait dont il dit avoir déjà entendu parler sur les genoux de sa nourrice, que de tel côté du monument futur, la lune, agent de destruction actif, mangera sans relâche les pierres des parements, les fûts de colonnes, qu'elle effacera en peu d'années tous les ornements projetés ; et voilà que la crainte de la voracité de la lune amènera le bouleversement des vues, des études et des plans approfondis de plusieurs architectes. Placez un météorologiste au conseil, et malgré l'autorité des nourrices, tout un échafaudage de suppositions gratuites s'écroulera devant ces sévères et catégoriques paroles de la science : la lune n'exerce point l'action qu'on lui attribue.

Une autre fois, l'échevin jette son anathème sur le chauffage à la vapeur. Suivant lui, cette invention diabolique est une cause incessante de moisissure pour les boiseries, les meubles, les papiers et les livres. L'échevin s'imagine, en effet, que, dans ce genre de chauffage, des torrents de vapeur aqueuse se répandent dans l'atmosphère des appartements. Peut-il aimer, je le demande, un collègue qui, après avoir eu la malicieuse patience de le laisser arriver au terme de son discours, lui apprend que, si la vapeur, véhicule d'une quantité énorme de chaleur latente, transporte rapidement ce calorique à tous les étages du plus vaste édifice, elle n'a jamais besoin de sortir des tuyaux imperméables dans lesquels s'opère la circulation ?

Au milieu des travaux variés que toute grande ville réclame, l'échevin croit, un certain jour, avoir découvert le moyen infaillible de se venger des spécialités. Guidé par les lumières de la géologie moderne, on a proposé d'aller, une immense sonde à la main, chercher dans les entrailles de la terre les incalculables masses d'eau qui, de toute éternité, y circulent sans aucun profit pour l'humanité, de les faire jaillir à la surface, de les répandre dans les quartiers, jusque-là délaissés, des grandes capitales, de profiter de leur température élevée pour chauffer économiquement les magnifiques serres de nos jardins publics, les salles d'asile, les cellules des pauvres malades dans les hôpitaux, les cabanons des aliénés. Suivant l'antique géologie de l'échevin, promulguée peut-être par sa nourrice, il n'y a pas de circulation d'eau sous terre ; en tout cas, l'eau souterraine ne peut être soumise à une force ascensionnelle et s'élever jusqu'à la surface ; sa température ne saurait différer de celle de l'eau des puits. L'échevin, cependant, donne son adhésion aux dispendieux travaux proposés. Ces travaux seront sans résultat matériel, dit-il ; mais, une fois pour toutes, de fantasques annonces recevront un solennel et rude démenti, et nous serons débarrassés à tout jamais du joug odieux sous lequel la science veut nous courber.

Toutefois, l'eau souterraine apparaît. Un habile ingénieur a dû, il est vrai, l'aller chercher à 548 mètres de profondeur ; de là, limpide comme le cristal, pure comme le produit d'une distillation, échauffée comme les lois physiques l'avaient indiqué d'avance, plus abondante, enfin, qu'on n'aurait osé le prévoir, elle s'est élancée à 33 mètres au-dessus du sol.

Ne croyez pas, Messieurs, que, mettant de côté de misérables intérêts d'amour-propre, l'échevin applaudisse à un pareil résultat. Il s'en montre au contraire profondément humilié. Aussi, ne manquera-t-il pas, dans la suite, de s'opposer à tout essai qui pourrait tourner à l'honneur des sciences.

Des traits pareils s'offrent de même en foule à la pensée. Est-ce à dire qu'on doive se montrer effrayé de voir l'administration des villes livrée à l'esprit exclusif et stationnaire du vieil échevinage ; de ceux qui n'ont rien appris, ni rien étudié ? Telle n'est point la conséquence de ces longues réflexions. J'ai voulu faire prévoir la lutte et non la défaite. Je me hâte même d'ajouter qu'à côté de l'échevin rogue, dur, tranchant, absolu, et dont le type, à vrai dire, commence aujourd'hui à se perdre, il existe une classe honorable de citoyens qui, satisfaits d'une fortune modeste laborieusement acquise, vivent dans la retraite, charment leurs loisirs par l'étude, et se mettent de grand cœur, sans aucune vue intéressée, au service de la communauté. Partout de pareils auxiliaires combattent courageusement pour la vérité dès qu'elle leur apparaît. Bailly obtint constamment leur concours ; de touchants témoignages de reconnaissance et de sympathie en font foi. Quant aux conseillers qui, si souvent, portèrent le trouble, la confusion, l'anarchie à l'Hôtel de Ville dans les années 89 et 90, j'oserai blâmer le vertueux magistrat d'avoir si patiemment, si modestement enduré leurs ridicules prétentions, leurs insoutenables usurpations de pouvoir.

Dès les premiers pas dans l'étude sérieuse de la nature, il demeure évident que les secrets dévoilés par les siècles ne sont qu'une fraction très-minime, si on les compare à ceux qui restent encore à découvrir. En se plaçant à ce point de vue, manquer de modestie serait tout simplement manquer de jugement. Mais, à côté de la modestie absolue, qu'on me passe l'expression, vient se placer la modestie relative. Celle-ci est souvent une duperie ; elle ne trompe personne et suscite mille difficultés. Bailly les a fréquemment confondues. Il est, je crois, permis de regretter que, dans maintes circonstances, le savant académicien ait dédaigné de jeter à la face de ses vaniteux collaborateurs, ces paroles d'un ancien philosophe : « Quand je m'examine, je me trouve un pygmée ; quand je me compare, je me crois un géant. »

Si je couvrais d'un voile ce qui, dans la conduite de Bailly, m'a paru susceptible de critique, j'affaiblirais volontairement les éloges que je viens de donner à plusieurs actes de son administration. Je ne commettrai pas cette faute, pas plus que je ne m'en suis rendu coupable en parlant des rapports du maire avec des échevins prétentieux.

Je dirai donc que, dans plusieurs circonstances, Bailly, suivant moi, se montra d'une susceptibilité quelque peu mesquine, sinon pour les prérogatives de sa personne, du moins pour celles de sa place.

Je crois encore qu'on pourrait reprocher à Bailly d'avoir manqué quelquefois de prévoyance.

Homme de sentiment et d'imagination, le savant concentrait trop exclusivement ses pensées sur les difficultés du moment. Il se persuadait, avec un excès de bonhomie, qu'aucune nouvelle tempête ne succéderait à celle dont on venait de triompher. Après chaque succès, petit ou grand, contre les intrigues de cour, les préjugés, l'anarchie, président de l'Assemblée nationale ou maire de Paris, notre confrère croyait la patrie sauvée. Alors sa joie débordait ; il aurait voulu la répandre sur le monde entier. C'est ainsi que le jour de la réunion définitive de la noblesse aux deux autres ordres, le 27 juin 1789, notre confrère se rendant de Versailles à Chaillot, après la clôture la séance, se tenait la moitié du corps en dehors de la portière de sa voiture, et annonçait à grands cris l'heureuse nouvelle à tous ceux qu'il rencontrait sur sa route. À Sèvres, c'est à lui-même que j'emprunte l'anecdote, il ne vit pas sans une pénible surprise que sa communication était reçue avec la plus entière indifférence par un groupe de soldats réunis devant la porte de la caserne : Bailly rit beaucoup en apprenant ensuite que ces soldats étaient Suisses, et n'entendaient pas un seul mot de français.

Heureux les acteurs d'une grande révolution chez lesquels on ne trouve quelque chose à reprendre qu'après être descendu à une analyse aussi minutieuse de leur conduite publique et privée.

VOYAGE DE BAILLY DE PARIS À NANTES ET ENSUITE DE NANTES À MELUN. — SON ARRESTATION DANS CETTE DERNIÈRE VILLE. — IL EST TRANSFÉRÉ À PARIS.

Après avoir quitté la mairie de Paris, Bailly se retira à Chaillot, où il espérait retrouver le bonheur dans l'étude ; mais plus de deux années passées au milieu des orages de la vie publique avaient profondément altéré la santé de notre confrère ; il fallut donc obéir aux prescriptions de la médecine et entreprendre un voyage. Vers la mi-juin 1792, Bailly quitta la capitale, fit quelques excursions dans les départements voisins, se rendit à Niort chez son ancien collègue et ami, M. de Lapparent, et poussa bientôt après jusqu'à Nantes, où la juste influence d'un autre ami, M. Gelée de Prémion, semblait lui promettre protection et tranquillité. Décidés à se fixer dans cette dernière ville, Bailly et sa femme prirent un petit logement chez des personnes distinguées qui pouvaient les comprendre et les apprécier. Ils espéraient y vivre en paix ; des nouvelles de Paris ne tardèrent pas à leur enlever cette illusion. Le conseil de la commune venait de décider que l'hôtel précédemment occupé, en vertu d'une décision formelle, par le maire de Paris et par les bureaux de la ville, aurait dû supporter une imposition de 6,000 livres, et, chose singulière, que Bailly en était responsable. La prétendue dette était réclamée avec dureté. On demandait le paiement sans retard. Pour s'acquitter, Bailly fut obligé de vendre sa bibliothèque, de livrer aux hasards d'un encan cette foule de livres précieux auxquels il avait demandé, dans le silence du cabinet et avec une si remarquable persistance, les plus antiques secrets du firmament.

Cette séparation douloureuse fut suivie de deux actes qui n'affligèrent pas moins notre confrère.

Le gouvernement central, dirigé alors, il faut bien l'avouer, par le parti de la Gironde, mit Bailly en surveillance. Tous les huit jours, le vénérable académicien était obligé de se présenter chez le procureur syndic de l'administration départementale de la Loire-Inférieure, comme un vil malfaiteur dont la société aurait eu intérêt à épier attentivement les moindres pas. Quel fut le vrai mobile d'une si étrange mesure ? Ce secret a été enseveli dans des tombes où je ne me permettrai pas d'aller fouiller.

Il m'est pénible de le dire, l'assimilation odieuse de Bailly à un criminel dangereux n'avait pas épuisé les rancunes de ses ennemis. Une lettre de Roland, ministre de l'intérieur, annonça bien sèchement au malheureux proscrit que le logement du Louvre, dont sa famille était en possession depuis plus d'un demi-siècle, venait de lui être retiré. On porta l'inconvenance jusqu'à saisir un huissier de l'ordre de vider les lieux.

Peu de temps avant cette époque, Bailly s'était vu forcé de vendre sa maison de Chaillot. L'ancien maire de Paris n'avait donc plus ni foyer, ni domicile dans la grande ville, théâtre naguère de son dévouement, de sa sollicitude, de ses sacrifices. Quand cette remarque lui venait à l'esprit, ses yeux se remplissaient de larmes.

La douleur qu'éprouvait Bailly en se voyant journellement l'objet d'odieuses persécutions, laissa, au surplus, ses loyales convictions intactes. Vainement essaya-t-on, à plusieurs reprises, de transformer une légitime aversion pour les hommes en antipathie pour les principes. On se rappelle encore, en Bretagne, le débat qu'une de ces tentatives souleva entre notre confrère et un médecin vendéen, le docteur Blin. Jamais, au temps de sa plus grande faveur, le président de l'Assemblée nationale ne s'était exprimé avec plus de vivacité ; jamais il n'avait défendu notre première révolution avec plus d'éloquence. Naguère, à cette même place, je signalais à l'attention publique un autre de'nos confrères (Condorcet), qui, déjà sous le coup d'une condamnation capitale, consacrait ses derniers moments à remettre en lumière les principes d'éternelle justice que les passions, que la folie des hommes n'avaient que trop obscurcis. À une époque de convictions molles ou intéressées et de honteuses capitulations de conscience, ces deux exemples de convictions inébranlables méritaient d'être remarqués. Je suis heureux de les avoir trouvés au sein de l'Académie des Sciences.

La tranquillité d'esprit n'est pas moins nécessaire que la vigueur d'intelligence à qui veut composer de grands ouvrages. Aussi, pendant son séjour à Nantes, Bailly n'essaya-t-il même pas d'ajouter à ses nombreuses productions scientifiques et littéraires. Le célèbre astronome passait sa vie à lire des romans. « Ma journée a été bien remplie, disait-il quelquefois avec un amer sourire : depuis mon lever, je me suis mis en mesure de donner, à qui voudra l'entendre, l'analyse des deux, des trois premiers volumes du roman nouveau que le cabinet de lecture vient de recevoir. » De temps en temps ses distractions étaient d'un ordre plus élevé ; il les devait à deux jeunes gens qui, parvenus aujourd'hui à un âge avancé, entendent peut-être mes paroles. Bailly discoursit avec eux d'Homère, de Platon, d'Aristote, des chefs-d'œuvre de notre littérature, des rapides progrès des sciences, et principalement de ceux de l'astronomie. Ce que notre confrère appréciait surtout dans ses jeunes amis, c'était une sensibilité vraie, une grande chaleur d'âme. Les années, je le sais, ont laissé chez les deux Bretons ces rares qualités intactes et vivaces. M. Pariset, notre confrère, M. Villenave, trouveront donc naturel que je les remercie ici, au nom des sciences et des lettres, au nom de l'humanité, des quelques moments de douce quiétude et de bonheur qu'ils procurèrent au savant académicien, à une époque où l'ingratitude et l'inconstance des hommes bourrelaient son cœur.

Louis XVI avait péri ; l'horizon se couvrait de sombres nuages ; des actes d'une odieuse brutalité venaient de montrer au savant proscrit combien peu il devait compter désormais sur les sympathies du public ; combien les temps étaient changés depuis la mémorable séance (7 octobre 1791) où l'Assemblée nationale décidait que le buste de Bailly serait placé dans la salle de ses réunions ! L'orage se montrait menaçant et très-prochain ; les personnes les moins prévoyantes songeaient à se ménager un abri.

Sur ces entrefaites, le marquis Charles de Casaux, connu par diverses productions littéraires et d'économie politique, alla supplier notre confrère de prendre passage, avec madame Bailly, à bord d'un bâtiment qu'il avait frété pour lui et sa famille. « Nous nous rendrons d'abord en Angleterre, disait M. de Casaux ; si vous le préférez, nous irons passer notre exil en Amérique. N'ayez aucun souci, j'ai de la fortune ; je puis, sans me gêner, pourvoir à toutes les dépenses. Pythagorc disait : « Dans la solitude, le sage adore l'écho ; cela ne suffit plus en France : le sage doit fuir une terre qui menace de dévorer ses enfants. »

Ces sollicitations chaleureuses et les prières d'une compagne éplorée n'ébranlèrent pas la ferme résolution de Bailly. « Depuis le jour, répondit-il, où je suis devenu un personnage public, ma destinée se trouve invariablement liée à celle de la France ; jamais je ne quitterai mon poste au moment du danger. En toute circonstance, la patrie pourra compter sur mon dévouement. Quoi qu'il doive arriver, je resterai. »

En réglant sa conduite sur des maximes si belles, si généreuses, un citoyen s'honore, mais il s'expose à tomber sous les coups des factions.

Bailly était encore à Nantes le 30 juin 1793, lorsque quatre-vingt mille Vendéens, commandés par Cathelineau et Charette, allèrent faire le siége de cette ville.

Qu'on se représente ce que pouvait être la position du président de la séance du Jeu de Paume, du premier maire de Paris dans une ville assiégée par les Vendéens ! Il n'est pas présumable que la défaveur dont Bailly était alors frappé par la Convention, que la surveillance à laquelle il était rigoureusement soumis, l'eussent soustrait à des traitements rigoureux si la ville avait été enlevée. Personne ne pourra donc s'étonner qu'après la victoire des Nantais, notre confrère s'empressa de donner suite au projet, formé peu de temps auparavant, de s'éloigner des départements insurgés.

Jusqu'au commencement de juillet 1793, Melun avait joui d'une tranquillité parfaite. Bailly le savait par M. de Laplace, qui, retiré alors dans ce chef-lieu de département, y composait l'immortel ouvrage où les merveilles des cieux sont étudiées avec tant de profondeur et de génie. Il savait aussi que le grand géomètre, espérant être encore plus recueilli dans une petite habitation située sur le bord de la Seine et hors de la ville, allait laisser disponible sa maison de Melun. On devine combien Bailly dut être séduit par la perspective de vivre loin des agitations politiques et à côté d'un illustre ami !

Les dispositions furent promptement arrêtées, et, le 6 juillet, M. et Mme Bailly quittaient Nantes, en compagnie de M. et Mme Villenave, qui se rendaient à Rennes.

À cette même époque, une division de l'armée révolutionnaire était en marche pour Melun. Dès que la terrible nouvelle fut connue, madame Laplace s'empressa d'écrire à Bailly pour l'engager, en termes couverts, à renoncer au projet convenu. La maison, lui disait-elle, est sur le bord de l'eau ; il règne dans toutes les pièces une humidité extrême : madame Bailly y mourrait. Une lettre si différente de celles qui l'avaient précédée ne pouvait manquer de produire son effet : tel était, du moins, l'espoir dont M. et Mme de Laplace se berçaient, lorsque, vers la fin de juillet, ils aperçurent avec une frayeur inexprimable Bailly qui traversait l'allée de leur jardin. Grand Dieu !, vous n'avez pas compris la dernière lettre, s'écrièrent d'une commune voix les deux amis de notre confrère. — J'ai compris à merveille, répondit Bailly avec le plus grand calme ; mais, d'une part, les deux domestiques qui m'avaient suivi à Nantes ayant entendu dire que j'allais être mis en prison, m'ont quitté ; de l'autre, si je dois être arrêté, je désire que ce soit dans une maison que j'occuperai depuis quelque temps. Je ne veux pas être qualifié dans aucun acte d'individu sans domicile ! « Qu'on dise après cela que les grands hommes ne sont pas sujets à d'étranges faiblesses !

Ces minutieux détails seront ma seule réponse à des paroles coupables que j'ai trouvées dans un ouvrage fort répandu : « M. Laplace, dit l'auteur anonyme, connaissait tous les secrets de la géométrie ; mais il n'avait pas la moindre notion de la situation de la France, et il donna à Bailly l'imprudent conseil d'aller le rejoindre. »

Ce qu'on doit déplorer ici en fait d'imprudence, c'est celle d'un écrivain qui, sans connaître exactement les faits, prononce d'autorité des sentences aussi sévères contre une des principales illustrations du pays.

Bailly ne jouit pas même de la puérile satisfaction de prendre rang au nombre des citoyens de Melun domiciliés. Le sur lendemain de son arrivée dans cette ville, un soldat de l'armée révolutionnaire l'ayant reconnu, lui enjoignit brutalement de l'accompagner à la municipalité : « J'y vais, répondit froidement Bailly ; vous pouvez m'y suivre. »

Le corps municipal de Melun avait alors à sa tête un homme honnête et plein de courage, M. Tarbé des Sablons. Le vertueux magistrat essaya de prouver à la multitude dont la place de l'Hôtel de Ville s'était remplie à la nouvelle, rapidement propagée, de l'arrestation de l'ancien maire de Paris, que les passe-ports, délivrés à Nantes et visés à Rennes, ne présentaient rien d'irrégulier ; qu'aux termes de la loi il ne pouvait se dispenser, sous peine de forfaiture, de mettre Bailly en liberté. Vains efforts ! Afin d'éviter une catastrophe sanglante, il fallut promettre qu'on en référerait à Paris, et qu'en attendant, notre malheureux confrère serait gardé à vue dans sa maison.

La surveillance, peut-être à dessein, n'avait rien de rigoureux ; une évasion eût été très-facile. Bailly repoussa bien loin cette idée. Il n'aurait voulu à aucun prix compromettre ni M. Tarbé, ni même son gardien.

Un ordre du Comité de salut public enjoignit aux autorités de Melun de transférer Bailly dans une des prisons de la capitale. Le jour du départ, madame de Laplace rendit visite à notre malheureux confrère. Elle lui démontra de nouveau la possibilité de s'enfuir. Les premiers scrupules n'existaient plus ; l'escorte attendait déjà dans la rue. Bailly fut inflexible. Sa sécurité était entière. Madame de Laplace tenait son fils dans ses bras ; Bailly en prit occasion de tourner l'entretien sur l'éducation de la jeunesse. Il traita ce sujet, auquel on aurait dû le croire étranger, avec une supériorité remarquable, et finit même par l'égayer en contant plusieurs anecdotes qui pourraient prendre place dans la galerie spirituelle et burlesque des enfants terribles.

En arrivant à Paris, Bailly fut emprisonné aux Madelonnettes, et quelques jours après à la Force. On lui accorda alors une chambre où sa femme et ses neveux avaient la permission de le visiter.

Bailly n'avait encore subi qu'un interrogatoire sans importance, lorsqu'il fut appelé à témoigner dans le procès de la reine.

BAILLY EST APPELÉ COMME TÉMOIN DANS LE PROCÈS DE LA REINE. — SON PROPRE PROCÈS DEVANT LE TRIBUNAL RÉVOLUTIONNAIRE. — SA CONDAMNATION À MORT. — SON EXÉCUTION. — DÉTAILS IMAGINAIRES AJOUTÉS PAR LES HISTORIENS MAL INFORMÉS À CE QUE CET ÉVÉNEMENT PRÉSENTA D'ODIEUX ET D'EFFROYABLE.

Bailly, sous le coup d'une accusation capitale, et précisément pour une partie des faits reprochés à Marie-Antoinette, fut entendu comme témoin dans le procès de cette princesse. Les annales des tribunaux tant anciens que modernes n'avaient encore rien offert de pareil. Qu'espérait-on ? Amener notre confrère à des déclarations inexactes ou à des réticences par le sentiment d'un danger imminent et personnel ? Lui suggérer la pensée de sauver sa tête aux dépens de celle d'une malheureuse femme ? Faire chanceler, enfin, la vertu ? En tout cas, cette combinaison infernale échoua ; avec un homme tel que Bailly, elle ne pouvait réussir.

« Connaissez-vous l'accusée ? » dit le président à Bailly. — « Ah ! oui, je la connais ! » répondit notre confrère d'un ton pénétré et en saluant respectueusement Marie-Antoinette. — Bailly protesta ensuite avec horreur contre des imputations odieuses, que l'acte d'accusation avait mises dans la bouche du jeune dauphin. Dès ce moment, Bailly fut traité avec une grande dureté. Il paraissait avoir perdu aux yeux du tribunal la qualité de témoin et être devenu accusé. La marche que prirent les débats autoriserait, en vérité, à appeler la séance où la reine fut condamnée, où elle figurait ostensiblement comme seule prévenue, procès de Marie-Antoinette et de Bailly. Qu'importe, après tout, telle ou telle qualification du monstrueux procès ; au jugement de tout homme de cœur, jamais Bailly ne se montra plus loyal, plus courageux, plus digne, que dans cette circonstance difficile.

Bailly comparut de nouveau devant le tribunal révolutionnaire, et cette fois comme prévenu, le 10 novembre 1793. L'accusation portait principalement sur la prétendue participation du maire de Paris à l'évasion de Louis XVI et de sa famille, et sur la catastrophe du Champ-de-Mars.

Si quelque chose au monde paraissait évident, même en 1793, même avant les révélations détaillées des personnes qui prirent une part plus ou moins directe à l'événement, c'est que Bailly ne facilita point le départ de la famille royale ; c'est que, dans la mesure des soupçons arrivés jusqu'à lui, il fit tout ce qui était en son pouvoir pour l'empêcher ; c'est que le président de la séance du Jeu de Paume n'eut et ne put jamais avoir, en aucun cas, le projet d'aller rejoindre la famille fugitive à l'étranger ; c'est, enfin, que tout acte émané d'une autorité publique, dans lequel on pouvait lire des expressions telles que celles-ci : « La profonde scélératesse de Bailly... Bailly avait soif du sang du peuple ! » devait exciter le dégoût et l'indignation des hommes de bien, quelle que fût d'ailleurs leur opinion politique.

L'accusation, en ce qui concernait la fusillade meurtrière du Champ-de-Mars, avait plus de gravité ; cet événement eut pour contre-coup le 10 août et le 31 mai ; La Fayette dit, dans ses Mémoires, que ces deux journées furent une revanche. Il est du moins certain que les scènes terribles du 17 juillet coûtèrent la vie à Bailly ; elles ont laissé dans la mémoire du peuple des impressions profondes, que nous avons retrouvées après la révolution de 1830, et qui, dans plus d'une occasion, rendirent la position de La Fayette fort délicate. Je les ai donc étudiées religieusement, avec le désir bien sincère, bien vif, de dissiper, une fois pour toutes, les nuages qui semblaient avoir obscurci ce point, ce seul point de la vie de Bailly. J'ai réussi, Messieurs, sans jamais avoir eu ni la pensée, ni le besoin de farder la vérité. Je ne fais à aucun Français l'injure de supposer que j'aurais besoin de définir, devant lui, un événement de l'histoire nationale qui a eu tant d'influence sur la marche de notre révolution ; mais, peut-être, quelques étrangers assistent à cette séance. Ce sera donc pour eux, seulement, que je consignerai ici quelques détails. Dans la soirée du 17 juillet, rappelons ces circonstances déplorables, la foule s'était assemblée au Champ-de-Mars ou de la Fédération, autour de l'autel de la patrie, reste de l'édifice en charpente qu'on avait élevé pour célébrer l'anniversaire du 14 juillet. Une partie de cette foule signait une pétition, tendant à demander la déchéance de Louis XVI, ramené récemment de Varennes, et sur le sort duquel l'Assemblée constituante venait de statuer. À cette occasion la loi martiale fut proclamée. La garde nationale, ayant à sa tête Bailly et La Fayette, se rendit au Champde Mars ; elle fut assaillie par des clameurs, par des pierres et par un coup de pistolet ; elle fit feu ; il y eut beaucoup de victimes, sans qu'il soit possible d'en assigner exactement le nombre, car les évaluations, suivant l'effet qu'on voulait produire, varièrent entre vingt-quatre et deux mille !

Le tribunal révolutionnaire entendit, sur les événements du Champ-de-Mars, des témoins parmi lesquels je remarque Chaumette, procureur de la commune de Paris ; Lullier, procureur général syndic du département ; Coffinhal, juge du tribunal révolutionnaire ; Dufourny, régisseur des poudres ; Momoro, imprimeur.

Tous ces témoins inculpèrent vivement l'ancien maire de Paris ; mais qui ne sait combien les individus dont je viens de citer les noms montrèrent, pendant nos troubles, d'exaltation et de cruauté ! Leurs déclarations doivent donc être reçues avec une grande défiance.

Les admirateurs sincères de Bailly seraient soulagés d'un grand poids, si l'événement du Champ de la Fédération n'avait été assombri que par les témoignages des Chaumette et des Coffinhal. Malheureusement, l'accusateur public produisit dans les débats des pièces très graves, dont l'historien impartial ne peut pas faire abstraction. Disons, en passant, pour rectifier une erreur entre mille, que le jour du procès de Bailly, l'accusateur public était Naulin, et non pas Fouquier-Tainville, malgré tout ce qu'ont pu écrire, à ce sujet des personnes se disant bien informées, voire même les amis intimes de notre confrère.

La catastrophe du Champ-de-Mars, examinée impartialement dans ses phases essentielles, présente quelques problèmes très-simples :

Une pétition, rédigée le 17 juillet 1791, contre un décret rendu le 15 à l'Assemblée constituante, était-elle illégale ?

En se réunissant au Champ-de-Mars, les pétitionnaires avaient-ils violé quelque loi ?

Pouvait-on leur imputer deux assassinats commis dans la matinée ?

Des projets de désordre, de rébellion, s'étaient-ils manifestés avec assez d'évidence pour justifier la proclamation, et surtout la mise en action de la loi martiale ?

Je le dis, Messieurs, avec une profonde douleur, ces problèmes seront résolus négativement par quiconque prendra la peine d'analyser sans passion, sans idées préconçues, des documents authentiques qu'on semble, en général, avoir pris à tâche de laisser dans l'oubli. Je me hâte d'ajouter, qu'en posant la question intentionnelle, Bailly restera, après cet examen, tout aussi humain, tout aussi honorable, tout aussi pur que nous l'avons trouvé dans les autres phases d'une vie privée et publique qui pouvait servir de modèle.

Aux plus belles époques de l'Assemblée nationale, personne, dans son sein, n'aurait osé soutenir que rédiger, que signer une pétition, quel qu'en pût être l'objet, étaient des actes de rébellion. Jamais, alors, le président de cette grande Assemblée n'eût appelé la haine, la vindicte publique, une répression sanglante, sur ceux qui prétendaient, disait Charles Lameth dans la séance du 16 juillet, « opposer leur volonté individuelle à la loi, expression de la volonté nationale. » Le droit de pétition semblait devoir être absolu, même contre des lois sanctionnées, promulguées, en pleine action, et, à plus forte raison, contre des dispositions législatives encore en discussion ou à peine votées.

Les pétitionnaires du Champ-de-Mars demandaient à l'Assemblée constituante de revenir sur un décret rendu l'avant-veille. Nous n'avons pas besoin d'examiner si la démarche était raisonnable, opportune, dictée par un sentiment éclairé du bien public. La question est simple : en sollicitant l'Assemblée pour qu'elle revînt sur un décret, on ne violait aucune loi. Peut-être croira-t-on que les pétitionnaires faisaient au moins une chose insolite, contraire à tous les usages. Cela même serait sans fondement. Dans dix circonstances différentes, l'Assemblée nationale modifia ou annula ses propres décrets ; dans vingt autres, elle avait été priée de les rapporter, sans qu'on criât à l'anarchie.

Il est bien établi que la foule du Champ-de-Mars usait d'un droit que la constitution reconnaissait, en voulant rédiger et signer une pétition contre un décret, qu'à tort ou à raison elle croyait opposé aux vrais intérêts du pays. Mais l'exercice du droit de pétition fut toujours sagement soumis à certaines formes. Les avait-on violées ? La réunion était-elle illégale ?

En 1791, d'après les décrets, toute réunion voulant user du droit de pétition devait se composer de citoyens sans armes, et avoir été annoncée aux autorités compétentes vingt-quatre heures à l'avance.

Eh bien, le 16 juillet, douze personnes s'étaient rendues en députation à la municipalité, afin de déclarer, conformément à la loi, que le lendemain 17 de nombreux citoyens se réuniraient, sans armes, au Champ-de-Mars, où ils voulaient signer une pétition. La députation obtint un récépissé de sa déclaration de la main du procureur syndic Desmousseaux, lequel lui adressa en outre ces paroles solennelles : « La loi vous couvre de son inviolabilité. »

Le récépissé fut présenté à Bailly le jour de son jugement.

Avait-on commis des assassinats ? Oui, sans doute ; on en avait commis deux ; mais dans la matinée, de très bonne heure ; mais au Gros-Caillou et non au Champ-de-Mars. Ces affreux assassinats ne pouvaient légitimement être imputés aux pétitionnaires, qui, huit à dix heures après, entouraient l'autel de la patrie ; à la foule sur laquelle tomba la fusillade de la garde nationale. En changeant la date de ces crimes, en déplaçant aussi le lieu où ils furent commis, quelques historiens de notre révolution, et, entre autres, le plus connu de tous, ont donné, sans le vouloir, au rassemblement de l'après-midi, un caractère qui ne peut être loyalement accepté.

Il faut savoir exactement à quelle heure, en quel lieu et comment ces malheurs arrivèrent, avant de se hasarder à porter un jugement sur les actes sanglants de la journée du 17 juillet.

Un jeune homme s'était rendu ce jour-là, de très-grand matin, à l'autel de la patrie. Ce jeune homme voulait copier diverses inscriptions. Tout à coup il entend un bruit singulier. Bientôt après, la mèche d'une vrille traverse de bas en haut la planche sur laquelle ses pieds reposent. Ce jeune homme va chercher la garde ; elle enlève un madrier et trouve sous l'autel deux individus d'assez mauvaise mine, couchés, munis de provisions. Un de ces deux hommes était un invalide à jambe de bois. La garde s'en empare et les conduit au Gros-Caillou, à la section, chez le commissaire de police. Dans le trajet, le baril d'eau dont ces malheureux étaient munis sous l'autel de la patrie se transforme, suivant le cours ordinaire des choses, en un baril de poudre. Les habitants du quartier s'attroupent ; c'était un dimanche. Les femmes, surtout, se montrent fort irritées lorsqu'on leur raconte la déclaration de l'invalide sur la destination des trous de vrille. Quand les deux prisonniers sortent de la section pour être conduits à l'Hôtel de Ville, la foule les arrache à la garde, les massacre et promène leurs têtes sur des piques !

On ne saurait trop le répéter, ces assassinats hideux, cette exécution de deux vieux libertins par la population barbare et aveuglée du Gros-Caillou, n'avait évidemment aucun rapport, aucune connexité avec les événements qui, le soir, portèrent le deuil dans le Champ de la Fédération.

Le soir du 17 juillet, de cinq à sept heures, la foule réunie autour de l'autel de la patrie avait-elle pris un caractère de turbulence qui dût faire craindre une émeute, une sédition, de la violence, quelque entreprise anarchique ?

Nous avons, à cet égard, la déclaration écrite de trois conseillers que la municipalité avait envoyés le matin au Gros-Caillou, à la première nouvelle des deux assassinats dont j'ai déjà parlé. Cette déclaration fut présentée à Bailly le jour de son jugement. On y lit « que les citoyens rassemblés au Champ-de-Mars n'avaient en rien manqué à la loi ; qu'ils demandaient seulement le temps de signer leur pétition avant de se retirer ; que la foule avait témoigné aux commissaires tous les égards imaginables et donné des marques de soumission à la loi et à ses organes. » Les conseillers municipaux, de retour à l'Hôtel de Ville, accompagnés d'une députation de douze des pétitionnaires, protestèrent vivement contre la proclamation de la loi martiale ; ils déclarèrent que si le drapeau rouge était déployé, on les regarderait, avec une grande apparence, comme des traîtres et des gens sans foi.

Vains efforts ; la colère des conseillers enfermés depuis le matin à l'Hôtel de Ville l'emporta sur l'opinion éclairée de ceux qu'on avait envoyés pour étudier scrupuleusement l'état des choses, qui s'étaient mêlés à la foule, qui revenaient après avoir pris avec elle des engagements rassurants.

Je pourrais invoquer le témoignage d'un de mes honorables confrères. Conduit par le beau temps, et quelque peu aussi par la curiosité, du côté du Champ-de-Mars, il put tout observer ; et il m'a assuré que jamais réunion ne montra moins de turbulence et d'esprit séditieux ; que les femmes et les enfants s'y montraient surtout en très grand nombre. N'est-il pas, d'ailleurs, parfaitement avéré aujourd'hui que dans la matinée du 17 juillet le club des Jacobins désavoua par des affiches imprimées tout projet de pétition, et que les hommes influents des Jacobins et des Cordeliers, que les hommes dont la présence eût pu donner au rassemblement le caractère dangereux d'une émeute, non-seulement n'y parurent pas, mais qu'ils étaient partis dans la nuit pour la campagne ?

Rapprocher ainsi toutes les circonstances d'où résulte la démonstration que la loi martiale fut proclamée et mise en action le 17 juillet sans motifs légitimes, c'est, au premier aspect, faire planer sur la mémoire de Bailly la plus terrible responsabilité. Rassurez-vous, Messieurs ; les événements qui aujourd'hui se groupent, se coordonnent à nos yeux avec une complète évidence, n'étaient connus ce jour néfaste, à l'Hôtel de Ville, qu'après avoir été défigurés par l'esprit de parti.

Dans le mois de juillet 1791, après que le roi fut revenu de Varennes, la monarchie et la république commencèrent pour la première fois à se trouver sérieusement en présence ; chez les partisans de l'une et de l'autre forme de gouvernement, la passion prit sur-le-champ la place de la froide raison. La terrible formule : *Il faut en finir !* était dans toutes les bouches.

Bailly se trouvait entouré de ces hommes politiques passionnés qui, sans le moindre scrupule sur l'honnêteté, sur la légalité des moyens, sont décidés à en finir avec les adversaires qui les gênent, dès que les circonstances semblent leur promettre la victoire.

Bailly avait encore près de lui des échevins habitués depuis longtemps à le regarder comme un magistrat de représentation.

Les premiers donnaient à notre confrère des nouvelles mensongères ou sous une couleur exagérée. Les autres se croyaient, par habitude, dispensés de lui rien communiquer.

Dans la sanglante journée de juillet 1791, Bailly fut peut-être, de tous les habitants de Paris, celui qui connut les événements du matin et de la soirée avec le moins de détail et d'exactitude.

Bailly, avec son horreur profonde pour le mensonge, aurait imaginé faire la plus cruelle injure à des magistrats, s'il ne leur avait pas attribué le même sentiment. Sa loyauté ne le mettait pas assez en garde contre les machinations des partis. C'est évidemment par de faux rapports qu'on le décida à déployer le drapeau rouge le 17 juillet : « Ce fut, dit-il au tribunal révolutionnaire sur une question du président, ce fut d'après les nouvelles qui se succédaient, et qui toutes étaient plus alarmantes d'heure en heure, que le conseil prit l'arrêté de marcher avec la force armée au Champ-de-Mars. »

Dans toutes ses réponses, Bailly insista sur les ordres itératifs qui lui furent transmis par le président de l'Assemblée nationale ; sur les reproches qu'on lui avait adressés de ne pas surveiller avec assez de soin les agents des puissances étrangères : c'était contre ces prétendus agents et leurs créatures que le maire de Paris croyait marcher quand il se mit à la tête d'une colonne de gardes nationaux.

Bailly ne savait pas même la cause du rassemblement ; on ne l'avait pas informé que la foule désirait signer une pétition ; et que la veille, suivant le vœu de la loi, on faisait à ce sujet une déclaration devant l'autorité compétente. Ses réponses au tribunal révolutionnaire ne laissent sur ce point aucune espèce de doute !

Oh ! échevins, échevins ! quand vos prétentions vaniteuses étaient seules en jeu, tout le monde pouvait vous pardonner ; mais le 17 juillet, vous abusiez de la confiance de Bailly ; vous le jetiez dans des mesures de répression sanglante, après l'avoir fasciné par des récits mensongers ; vous commettiez un véritable crime. Si le tribunal révolutionnaire, de déplorable mémoire, devait, en 1793, demander compte à quelqu'un des massacres du Champde-Mars, ce n'était certainement pas Bailly qu'il fallait accuser en première ligne.

Le parti politique dont le sang coula le 17 juillet, prétendit avoir été la victime d'un complot ourdi par ses adversaires. Interpellé à ce sujet, Bailly répondit au président du tribunal révolutionnaire : « Je n'en avais pas connaissance, mais l'expérience m'a donné lieu de penser depuis qu'un tel complot existait à cette époque. »

Rien de plus grave n'a jamais été écrit contre les promoteurs des violences sanglantes du 17 juillet.

Le blâme qu'on a jeté sur les événements du Champ-de-Mars n'a pas porté seulement sur le fait de la publication de la loi martiale ; les mesures répressives qui suivirent cette publication n'ont pas été critiquées avec moins d'amertume.

On a particulièrement reproché à l'administration municipale d'avoir arboré un drapeau rouge beaucoup trop petit ; un drapeau qui fut appelé au tribunal *drapeau de poche* ; d'avoir placé ce drapeau, non à la tête de la colonne, comme le voulait la loi, mais dans une position telle, que le public sur lequel la colonne s'avançait ne pouvait pas le voir ; d'avoir fait entrer à la fois la force armée par toutes les portes du Champ-de-Mars situées du côté de la ville, manœuvre qui semblait plutôt destinée à cerner le rassemblement qu'à le disperser ; d'avoir ordonné à la garde nationale de charger les armes, déjà sur la place de Grève ; d'avoir fait tirer avant les trois sommations voulues, et sur les personnes placées autour de l'autel de la patrie, tandis que les pierres et le coup de pistolet, qui semblèrent motiver cette exécution sanglante, étaient partis des gradins ou banquettes ; d'avoir laissé poursuivre, fusiller et sabrer des personnes qui fuyaient du côté de l'École Militaire, ou même qui s'étaient précipitées dans la Seine.

Ill résulte avec évidence d'une publication de Bailly, de ses réponses aux questions du président du tribunal révolutionnaire, des écrits de l'époque :

Que le maire de Paris ne donna point d'ordre pour le rassemblement des troupes le 17 juillet ; qu'il n'avait eu, ce jour-là, aucune conférence avec l'autorité militaire ; que, s'il fut adopté des dispositions blâmables et contraires à la loi, quant à la place de la cavalerie, du drapeau rouge et du corps municipal, dans la colonne marchant sur le Champ-de-Mars, on ne pouvait, sans injustice, les lui imputer ; que Bailly ignorait si les gardes nationaux avaient chargé leurs fusils à balle avant de quitter la place de l'Hôtel de Ville ; qu'il ignorait aussi jusqu'à l'existence du drapeau rouge dont les petites dimensions lui furent tant reprochées ; que la garde nationale tira sans son ordre ; qu'il fit tous ses efforts pour faire cesser le feu, arrêter la poursuite et reprendre les rangs ; qu'il félicita la troupe de ligne, laquelle, entrée sous le commandement d'Hulin par la grille de l'École Militaire, non-seulement ne tira pas, mais arracha un grand nombre de malheureux des mains de quelques gardes nationaux dont l'exaspération était allée jusqu'au délire. Enfin, on pouvait demander, quant aux inexactitudes que Bailly put commettre en racontant cette malheureuse affaire, s'il était juste de les imputer à celui qui, dans ses lettres à Voltaire sur l'origine des sciences, écrivait en septembre 1776 :

« J'ai le malheur d'avoir la vue courte. Je suis souvent humilié en pleine campagne. Tandis que j'ai peine à distinguer une maison à cent pas, mes amis me racontent les choses qu'il aperçoivent à cinq ou six lieues. J'ouvre les yeux, je me fatigue sans rien voir, et je suis quelquefois tenté de croire qu'ils s'amusent à mes dépens. »

Vous entrevoyez, Messieurs, tout le parti qu'un avocat ferme et habile aurait pu tirer des faits authentiques que je viens de retracer. Mais Bailly connaissait le prétendu jury devant lequel il comparaissait. Ce jury n'était pas, quoi qu'en aient pu dire des écrivains passionnés, un ramassis de savetiers ivres ; c'était pis que cela, Messieurs, malgré les noms devenus très-justement célèbres qu'on y voyait figurer de temps en temps : c'était, tranchons le mot, une odieuse commission.

La liste, très-circonscrite, sur laquelle s'exerçait le sort, pour désigner en 1793 et en 1794 les jurés du tribunal révolutionnaire, n'embrassait pas, comme le mot sacré de jury semblait l'impliquer, toute une classe de citoyens. L'autorité la formait, après une enquête préalable et très-minutieuse, de ses seuls adhérents. Les malheureux accusés étaient ainsi jugés, non par des personnes impartiales et sans système préconçu, mais par des ennemis politiques, autant dire par ce qu'il y a au monde de plus cruel, de plus impitoyable.

Bailly ne se fit pas défendre. Depuis sa comparution comme témoin dans le procès de Marie-Antoinette, notre confrère avait seulement composé et répandu, par la voie de l'impression, une pièce intitulée : *Bailly à ses concitoyens*. Elle se termine par ces paroles attendrissantes :

« Je n'ai gagné à la révolution que ce que mes concitoyens y ont gagné : la liberté et l'égalité. J'y ai perdu des places utiles, et ma fortune est presque détruite. Je serais heureux avec ce qui m'en reste et ma conscience pure ; mais, pour être heureux dans le repos de ma retraite, j'ai besoin, mes chers concitoyens, de votre estime : je sais bien que, tôt ou tard, vous me rendrez justice ; mais j'en ai besoin pendant que je vis et que je suis au milieu de vous. »

Notre confrère fut condamné à l'unanimité des voix. Il faudrait désespérer de l'avenir si une pareille unanimité ne frappait pas de stupeur les esprits amis de la justice et de l'humanité, si elle n'augmentait pas le nombre des adversaires décidés de tout tribunal politique.

Lorsque le président du tribunal interpella l'accusé, déjà déclaré coupable, pour savoir s'il avait quelques réclamations à présenter sur l'application de la peine, Bailly répondit :

« J'ai toujours fait exécuter la loi, je saurai m'y soumettre puisque vous en êtes l'organe. »

L'illustre condamné fut reconduit en prison.

Bailly avait dit dans l'Éloge de M. de Tressan : « La gaieté française produit le même effet que le stoïcisme. »

Ces paroles me revenaient à la mémoire au moment où je recueillais de diverses sources la preuve qu'en rentrant à la Conciergerie après sa condamnation, Bailly se montra à la fois stoïque et gai.

Il exigea que son neveu, M. Batbéda, fît avec lui, comme à l'ordinaire, une partie de piquet. Notre confrère pensait à toutes les circonstances de l'affreuse journée du lendemain avec un tel sang-froid, qu'il lui arriva pendant le jeu de dire en souriant à M. Batbéda : « Reposons-nous un instant, mon ami et prenons une prise de tabac ; demain je serai privé de ce plaisir, puisque j'aurai les mains attachées derrière le dos. »

Je citerai quelques paroles qui, tout en témoignant au même degré de la sérénité d'âme de Bailly, sont plus en harmonie avec son caractère sérieux et grave, plus dignes d'être recueillies par l'histoire.

Un des compagnons de captivité de l'illustre académicien lui adressait, le 11 novembre au soir, des reproches dictés par une tendre vénération : « Pourquoi, s'écriait-il, les yeux baignés de larmes, nous avoir laissé entrevoir la possibilité d'un acquittement ? Vous nous trompiez donc ? » — « Non, repartit Bailly ; je vous apprenais à ne jamais désespérer des lois de votre pays. »

Dans les paroxysmes d'un désespoir délirant, quelques prisonniers faisant un retour sur le passé, allaient jusqu'à regretter de n'avoir jamais enfreint les règles de la plus stricte honnêteté.

Bailly ramena ces intelligences momentanément égarées dans la ligne du devoir, en leur faisant entendre des maximes qui, par le fond et par la forme, ne dépareraient pas les recueils des plus célèbres moralistes :

« Il est faux, très-faux qu'un crime puisse jamais être utile. — Le métier d'un honnête homme est le plus sûr, même en temps de révolution. — L'égoïsme éclairé suffit pour mettre tout individu intelligent sur la voie de la justice et de la vérité. — Dès que l'innocence peut être impunément sacrifiée, le crime n'est pas plus sur de son fait. — Il y a une distance si grande entre la mort de l'homme de bien et celle du méchant, que le vulgaire n'est pas capable de la mesurer. »

Les anthropophages dévorant leurs ennemis vaincus me semblent encore moins hideux, moins hors de nature que les misérables, rebut des populations des grandes villes, qui trop souvent, hélas ! ont porté la férocité jusqu'à troubler par des clameurs, par d'infâmes railleries, les derniers moments des malheureux que le glaive de la loi allait frapper. Plus la peinture de cette dégradation de l'espèce humaine est humiliante, plus on doit se garder d'en charger les couleurs. À peu d'exceptions près, les historiens de la sublime agonie de Bailly me paraissent avoir oublié ce devoir. La vérité, la stricte vérité n'était elle donc pas assez déchirante ? Fallait-il, sans preuves d'aucune sorte, imputer à la masse le cynisme infernal de quelques cannibales ? Devait-on, à la légère, faire planer sur une immense classe de citoyens de justes sentiments de dégoût et d'indignation ? Je ne le pense pas, Messieurs. Aussi je surmonterai ce qu'il y a de cruel, de peignant à arrêter longtemps sa pensée sur de pareilles scènes ; je prouverai qu'en rendant le drame un peu moins atroce, je n'ai sacrifié que des détails imaginaires, fruits empestés de l'esprit de parti.

Je ne veux pas me dérober à des questions qui déjà bourdonnent à mes oreilles. Quels sont, me dira-t-on, vos titres pour oser modifier une page de l'histoire de notre révolution, sur laquelle tout le monde paraissait d'accord ? De quel droit prétendez-vous infirmer des témoignages contemporains, vous qui, au moment de la mort de Bailly, veniez à peine de naître ; vous qui viviez dans une obscure vallée des Pyrénées, à deux cent vingt lieues de la capitale ?

Ces questions ne m'embarrassent nullement. Je ne demande pas, en effet, qu'on adopte sur parole la relation qui me semble l'expression de la vérité. J'énumère mes preuves, j'exprime mes doutes. Dans ces limites, personne n'a de titres à produire ; la discussion est ouverte à tout le monde, le public prononcera son jugement définitif.

En thèse générale, j'ajouterai qu'en concentrant ses recherches sur un objet spécial et circonscrit, on a plus de chances de le bien voir, de le bien connaître, toutes choses d'ailleurs égales, qu'en éparpillant son attention en tout sens.

Quant au mérite des relations contemporaines, il me paraît très-contestable. Les passions politiques ne laissent voir les objets, ni dans leurs dimensions réelles, ni sous leurs vraies formes, ni avec leurs couleurs naturelles. Des documents inédits et très-précieux ne sont-ils pas venus, d'ailleurs, porter de vives lumières, là où l'esprit de parti avait étendu ses voiles épais ?

La relation que Riouffe donna de la mort de Bailly, a guidé presque aveuglément tous les historiens de notre révolution. Au fond, de quoi se composait-elle ? Le prisonnier de la Conciergerie l'a dit lui-même, de propos de valets de bourreau, répétés par des guichetiers.

J'admettrais volontiers qu'on m'opposât cette relation, malgré l'affreux cloaque où Riouffe avait été contraint de puiser, s'il n'était pas évident que cet écrivain spirituel voyait tous les événements révolutionnaires à travers la juste colère qu'une incarcération inique devait inspirer à un jeune homme vif et ardent ; si cette direction de sentiments et d'idées ne lui avait pas fait commettre des erreurs manifestes.

Qui n'a lu, par exemple, les larmes aux yeux, dans les *Mémoires sur les prisons*, ce que l'auteur rapporte de la fournée des quatorze jeunes filles de Verdun : « De ces filles, dit-il, d'une candeur sans exemple, et qui avaient l'air de jeunes vierges parées pour une fête publique. Elles disparurent, ajoute Riouffe, tout à coup, et furent moissonnées dans leur printemps. La cour des femmes avait l'air, le lendemain de leur mort, d'un parterre dégarni de fleurs par un orage. Je n'ai vu jamais parmi nous de désespoir pareil à celui qu'excita cette barbarie. »

Loin de moi la pensée d'affaiblir les sentiments pénibles que la catastrophe rapportée par Riouffe doit naturellement inspirer ; mais chacun l'a remarqué, la relation de cet écrivain est très-circonstanciée ; l'auteur semble avoir tout vu par ses propres yeux. Cependant, il a commis les plus graves inexactitudes.

Parmi les quatorze malheureuses femmes qu'on mit en jugement après la reprise de Verdun sur les Prussiens, deux de dix-sept ans ne furent pas condamnées à mort, à cause de leur âge.

Cette première circonstance valait bien la peine d'être rapportée. Allons plus loin. Un historien ayant consulté récemment les journaux officiels de l'époque et le bulletin du tribunal révolutionnaire, n'a pas trouvé sans surprise que, parmi les douze jeunes filles condamnées, il y avait sept femmes mariées ou veuves, dont les âges étaient compris entre quarante et un et soixante-neuf ans !

Les relations contemporaines, même celles de Riouffe, peuvent donc, sans irrévérence, être soumises à une discussion sérieuse. Quand on appliquera au dépouillement des registres relatifs à la révolution française la dixième partie des fonds qui sont annuellement employés à la recherche et à l'examen des vieilles chroniques, nous verrons certainement disparaître de notre histoire contemporaine plusieurs autres circonstances hideuses qui soulèvent le cœur. Voyez les massacres de septembre ! Les historiens le plus en renom portent de six à douze mille le nombre des victimes de cette boucherie ; tandis qu'un écrivain, qui vient de prendre la peine de dépouiller les registres d'écrou des prisons, n'a pu arriver à un total de mille. Ce chiffre est déjà assurément bien fort ; mais, pour ma part, je remercie l'auteur de la récente publication d'avoir réduit le nombre des assassinats de septembre à moins du dixième de ce qu'on admettait généralement.

Lorsque la discussion à laquelle je me suis livré sera connue du public, on verra combien les retranchements à opérer sur cette page lugubre de notre histoire étaient nombreux et graves. On pourra apprécier aussi une circonstance importante qui m'a paru ressortir de tous les faits. Après avoir pesé mes preuves, chacun, je l'espère, se réunira à moi pour ne plus voir autour de l'échafaud de Bailly que des misérables, rebut de la population, accomplissant, à prix d'argent, le rôle qui leur avait été assigné par trois ou quatre riches cannibales.

C'est le 12 novembre 1793 que la sentence rendue contre Bailly par le tribunal révolutionnaire devait être exécutée. Les souvenirs, récemment publiés, d'un compagnon de captivité de notre confrère, les souvenirs de M. Beugnot, nous permettront de pénétrer à la Conciergerie, dans la matinée de ce jour néfaste.

Bailly s'était levé de bonne heure après avoir dormi, comme à l'ordinaire, du sommeil du juste. Il prit du chocolat, et s'entretint longtemps avec son neveu. Le jeune homme était en proie au désespoir ; l'illustre prisonnier conservait toute sa sérénité. La veille, en revenant du tribunal, le condamné remarquait avec un sang-froid admirable, mais empreint d'une certaine inquiétude : « qu'on avait fortement excité contre lui les spectateurs de son procès. Je crains, ajoutait-il, que la simple exécution du jugement ne leur suffise plus, ce qui serait dangereux par ses conséquences. Peut-être la police y pourvoira-t-elle. » Un reflet de ces impressions ayant pénétré, le 12, dans l'esprit de Bailly, il demanda et prit, coup sur coup, deux tasses de café à l'eau. Ces précautions étaient de sinistre augure. « Calmez-vous, disait notre vertueux confrère à ceux qui, dans ce moment suprême, l'entouraient en sanglotant ; j'ai un voyage assez difficile à faire, et je me défie de mon tempérament. Le café excite et ranime ; j'espère maintenant que j'arriverai convenablement au bout. »

Midi venait de sonner. Bailly adressa un dernier et tendre adieu à ses compagnons de captivité, leur souhaita un meilleur sort, suivit le bourreau sans faiblesse comme sans forfanterie, monta sur la fatale charrette, les mains attachées derrière le dos. Notre confrère avait coutume de dire : « On doit avoir mauvaise opinion de ceux qui n'ont pas, en mourant, un regard à jeter en arrière. » Le dernier regard de Bailly fut pour sa femme. Un gendarme de l'escorte recueillit avec sensibilité les paroles de la victime, et les reporta fidèlement à sa veuve. Le cortége arriva à l'entrée du Champ-de-Mars, du côté de la rivière, à une heure un quart. C'était la place où, conformément aux termes du jugement, on avait élevé l'échafaud. La foule aveuglée, qui s'y trouvait réunie, s'écria avec fureur que la terre sacrée du champ de la Fédération ne devait pas être souillée par la présence et par le sang de celui qu'elle appelait un grand criminel ; sur sa demande, j'ai presque dit sur ses ordres, l'instrument du supplice fut démonté, transporté pièce à pièce dans un des fossés, et remonté de nouveau. Bailly resta le témoin impassible de ces effroyables préparatifs, de ces infernales clameurs. Pas une plainte ne sortit de sa bouche. La pluie tombait depuis le matin ; elle était froide, elle inondait le corps et surtout la tête nue du vieillard. Un misérable s'aperçut qu'il frissonnait, et lui cria : *Tu trembles, Bailly.* — *Mon ami, j'ai froid*, répondit avec douceur la victime. Ce furent ses dernières paroles.

Bailly descendit dans le fossé, où le bourreau brûla devant lui le drapeau rouge du 17 juillet ; il monta ensuite d'un pas ferme sur l'échafaud. Ayons le courage de le dire, lorsque la tête de notre vénérable confrère tomba, les témoins soldés que cette affreuse exécution avait réunis au Champ-de-Mars, poussèrent d'infâmes acclamations.

J'avais annoncé une relation fidèle du martyre de Bailly ; je viens de tenir parole. J'avais dit que j'en bannirais bien des circonstances sans réalité, et que le drame deviendrait ainsi moins atroce. Si j'en croyais votre attitude, je n'aurais pas accompli cette seconde partie de ma promesse. Les imaginations refusent peut-être d'aller au delà des faits cruels sur lesquels j'ai dû m'appesantir. On se demande ce que j'ai pu retrancher de relations anciennes, quand ce qui reste est si déplorable.

L'ordre d'exécution adressé au bourreau par Fouquier Tainville a été vu par diverses personnes vivantes. Elles déclarent toutes que s'il diffère des ordres nombreux de même nature que le misérable expédiait chaque jour, c'est seulement par la substitution des mots : Esplanade du Champ-de-Mars, à la désignation ordinaire, place de la Révolution. Or, le tribunal révolutionnaire a mérité bien des anathèmes, mais je n'ai jamais remarqué qu'on lui ait reproché de n'avoir pas su se faire obéir.

Je me suis senti allégé d'un énorme poids, Messieurs, quand j'ai pu arracher de ma pensée l'image d'une lugubre marche à pied de deux heures, puisque avec elle disparaissaient deux heures de sévices corporels que, d'après les mêmes relations, notre vertueux confrère aurait eu à endurer depuis la Conciergerie jusqu'au Champ-de-Mars.

Un écrivain illustre prétend que l'on conduisit Bailly sur la place de la Révolution, que l'échafaud y fut démonté sur la demande de la multitude, et qu'en suite on conduisit la victime jusqu'au Champ-de-Mars. Ce récit manque d'exactitude. Le jugement portait en termes très positifs, que, par exception, la place de la Révolution ne serait pas le théâtre du supplice de Bailly. Le cortége se rendit directement au lieu désigné.

L'historien déjà cité assure que l'instrument de mort fut remonté au bord de la Seine sur un tas d'ordures ; que cette opération dura plusieurs heures, et que pendant ce temps on traîna Bailly plusieurs fois autour du Champ-de-Mars.

Ces promenades sont imaginaires. Ceux qui à l'arrivée du lugubre cortége vociférèrent que la présence de l'ancien maire de Paris souillerait le champ de la Fédération, ne pouvaient, un moment après, l'y introduire pour lui en faire parcourir l'enceinte. En fait, l'illustre condamné resta sur la chaussée. L'idée si savamment cruelle attribuée aux acteurs de ces scènes hideuses, d'élever l'instrument fatal sur un tas d'ordures et au bord de la rivière, afin que Bailly pût apercevoir, à l'instant suprême, la maison de Chaillot où il avait composé ses ouvrages, se présenta si peu à l'esprit de la multitude, que la sentence s'exécuta dans le fossé, entre deux murs.

Je n'ai pas cru, Messieurs, devoir faire porter de force au condamné lui-même des pièces de l'instrument fatal ; il avait les mains liées derrière le dos. Dans mon récit, personne n'agite le drapeau rouge enflammé sur la figure de Bailly, par la raison que cette barbarie n'est point mentionnée dans les relations, d'ailleurs si déchirantes, rédigées par des amis de notre confrère, peu de temps après l'événement ; je n'ai point consenti enfin, avec l'auteur de l'*Histoire de la Révolution française*, à placer dans la bouche d'un des soldats de l'escorte la question qui amena de la part de la victime, non pas, disons-le en passant, cette réponse théâtrale : « Oui, je tremble, mais c'est de froid ; » mais les paroles si touchantes, si bien dans les habitudes et dans le caractère de Bailly : « Mon ami, j'ai froid. »

Loin de moi, Messieurs, la supposition qu'aucun soldat au monde ne serait capable d'une action blâmable et basse.

Je ne demande pas, assurément, la suppression des conseils de guerre ; mais pour se décider à donner à un homme revêtu de l'uniforme militaire, un rôle personnel dans l'épouvantable drame, il fallait des preuves ou des témoignages contemporains dont je n'ai trouvé nulle trace. Le fait, s'il avait existé, aurait eu certainement des suites connues du public. J'en prends à témoin un événement qui se trouve relaté dans les Mémoires de Bailly.

Le 22 juillet 1789, sur la place de l'Hôtel de Ville, un dragon mutila avec son sabre le cadavre de Berthier. Ses camarades, outrés de cette barbarie, se montrèrent à l'instant résolus de le combattre l'un après l'autre, et de laver dans son sang la honte qu'il avait fait rejaillir sur le corps tout entier. Le dragon se battit le soir même et fut tué.

Riouffe dit dans son *Histoire des Prisons*, que « Bailly épuisa la férocité de la populace, dont il était l'idole, et fut lâchement abandonné par le peuple, qui n'avait jamais cessé de l'estimer. »

On trouve à peu près la même idée dans *l'Histoire de la Révolution* et dans plusieurs autres ouvrages.

Ce qu'on appelle la populace ne lisait guère, et n'écrivait pas. L'attaquer, la calomnier, était donc jadis chose commode ; car on n'avait pas à craindre de réfutation. Je suis loin de prétendre que les historiens dont j'ai cité les ouvrages aient jamais cédé à des considérations pareilles ; mais j'affirme avec une entière certitude qu'ils se sont trompés. Dans le drame sanglant qui vient de se dérouler à vos yeux, les atrocités eurent une tout autre cause que les sentiments propres des barbares pullulant au fond des sociétés, et toujours prêts à les souiller de tous les crimes ; en termes moins prétentieux, ce n'est point aux malheureux sans propriétés, sans capital, vivant du travail de leurs mains, aux prolétaires, qu'on doit imputer les incidents déplorables qui marquèrent les derniers moments de Bailly. Avancer une opinion si éloignée des idées reçues, c'est s'imposer le devoir d'en prouver la réalité.

Après sa condamnation, notre confrère s'écria, dit La Fayette : « Je meurs pour la séance du Jeu de Paume, et non pour la funeste journée du Champ-de-Mars. » Je n'entends pas sonder ici ces paroles mystérieuses dans tout ce qu'elles laissent entrevoir sous un demi-jour ; mais, quelque sens qu'on leur attribue, les sentiments, les passions des prolétaires n'y joueront évidemment aucun rôle ; c'est un point hors de discussion.

En rentrant à la Conciergerie, la veille de sa mort, Bailly parlait des efforts qu'on avait dû faire pour exalter les passions des auditeurs qui suivirent les diverses phases de son procès. L'exaltation factice est toujours le produit de la corruption. Les ouvriers manquent d'argent ; ils ne peuvent donc avoir été les corrupteurs, les promoteurs directs des scènes fâcheuses dont se plaignait Bailly.

Les ennemis implacables de l'ancien président de l'Assemblée nationale avaient trouvé, à prix d'argent, des auxiliaires dans les guichetiers de la Conciergerie. M. Beugnot nous apprend qu'au moment de remettre le vénérable magistrat aux gendarmes qui devaient le conduire au tribunal, « ces misérables le poussaient avec violence, se le renvoyaient comme un homme ivre, de l'un à l'autre, en s'écriant : *Tiens, voilà Bailly ! A toi Bailly ! Prends donc Bailly !* et qu'ils riaient aux éclats de l'air grave que conservait le philosophe au milieu de ces jeux de cannibales. »

Pour affirmer que ces violences, devant lesquelles, en vérité, pâlissent celles du Champ-de-Mars, avaient été obtenues moyennant salaire, j'ai plus que la déclaration formelle du compagnon de captivité de notre confrère. Je remarque, en effet, qu'aucun autre accusé ou condamné ne les éprouva ; pas même le nommé l'Admirai, quand il fut conduit à la Conciergerie pour avoir tenté d'assassiner Collot-d'Herbois.

Au reste, ce n'est pas seulement sur des considérations indirectes que se fonde mon opinion bien arrêtée, touchant l'intervention de personnes riches et influentes, dans les scènes d'une inqualifiable barbarie du Champ-de-Mars. Mérard Saint-Just, l'ami intime de Bailly, a cité par ses initiales un misérable qui, le jour même de la mort de notre confrère, se vantait publiquement d'avoir électrisé les quelques acolytes qui, avec lui, exigèrent le déplacement de l'échafaud ; le lendemain du supplice, la séance des Jacobins retentissait du nom d'un autre individu du Gros-Caillou, lequel réclamait aussi sa quote-part d'influence dans le crime.

J'ai déroulé successivement devant vous la série d'événements de notre révolution auxquels Bailly a pris une part directe ; j'ai recherché, avec scrupule, les moindres circonstances de la déplorable affaire du Champ-de-Mars ; j'ai suivi notre confrère dans la proscription, au tribunal révolutionnaire, jusqu'au pied de l'échafaud. Nous l'avions vu, précédemment, entouré d'estime, de respect et de gloire, au sein de nos principales Académies. Toutefois, l'œuvre n'est pas complète ; il y manque plusieurs traits essentiels.

Je réclamerai donc encore quelques instants de votre bienveillante attention. La vie morale de Bailly est comme ces chefs-d'œuvre de la sculpture antique, qui doivent être étudiés sous tous les aspects, et dans lesquels on découvre sans cesse de nouvelles beautés à mesure que la contemplation se prolonge.

PORTRAIT DE BAILLY. — SA FEMME.

La nature ne dota point généreusement Bailly de ces avantages extérieurs qui préviennent au premier abord. Il était grand et maigre. Un visage comprimé, des yeux petits et couverts, un nez régulier, mais d'une longueur peu ordinaire, un teint très-brun, composaient un ensemble imposant, sévère, presque glacial. Heureusement, il était aisé d'apercevoir à travers cette rude écorce l'inépuisable bienveillance de l'honnête homme ; la douceur qui toujours va de compagnie avec la sérénité de l'âme, et même quelques rudiments de gaieté.

Bailly avait cherché de bonne heure à modeler sa conduite sur celle du savant célèbre, l'abbé de Lacaille, qui dirigea ses premiers pas dans la carrière de l'astronomie. Aussi arrivera-t-il qu'en transcrivant cinq à six lignes de l'Éloge plein de sensibilité que l'élève consacra à la mémoire de son maître vénéré, j'aurai fait connaître, en même temps, plusieurs des traits caractéristiques du panégyriste :

« Il était froid et réservé avec ceux qu'il connaissait peu ; mais doux, simple, égal et familier dans le commerce de l'amitié. C'est là que, dépouillant l'extérieur grave qu'il avait en public, il se livrait à une joie paisible et honnête. »

La ressemblance entre Bailly et Lacaille ne va pas plus loin. Bailly nous apprend que le grand astronome proclamait la vérité à toute occasion, et sans s'inquiéter de ceux qu'elle pouvait blesser. Il ne consentait pas à mettre le vice à son aise.

«Si les hommes de bien, disait-il, déployaient ainsi leur indignation, les méchants mieux connus, le vice démasqué, ne pourraient plus nuire, et la vertu serait plus respectée.» Cette morale spartiate ne pouvait s'accorder avec le caractère de Bailly ; il l'admirait et ne l'adopta pas.

Tacite avait pris pour devise : « Ne rien dire de faux, n'omettre rien de vrai. » Notre confrère se contenta, dans la société, de la première moitié du précepte. Jamais un trait moqueur, acerbe, sévère, ne sortit de sa bouche. Ses manières étaient une sorte de terme moyen entre celles de Lacaille et les manières d'un autre académicien qui avait réussi à ne pas se faire un seul ennemi, en adoptant les deux axiomes : « Tout est possible, et tout le monde a raison. »

Crébillon obtint de l'Académie française la permission de faire son discours de réception en vers. Au moment où le poëte, presque sexagénaire, dit, en parlant de lui-même :

> Aucun fiel n'a jamais empoisonné ma plume,

la salle retentit d'applaudissements.

J'allais appliquer à notre confrère le vers de l'auteur de *Rhadamiste,* lorsque le hasard fit tomber sous mes yeux un passage où Lalande reproche à Bailly d'être sorti de son caractère, en 1773, dans une discussion qu'ils eurent ensemble, sur un point de la théorie des satellites de Jupiter. Je me suis mis en quête de cette polémique ; j'ai découvert la pièce de Bailly dans un journal de l'époque, et j'affirme que cette réclamation ne renferme pas un seul mot qui ne soit en harmonie avec tous les écrits de notre confrère qui sont connus du public. Je reviens donc à ma première idée, et je dis de Bailly, avec une entière assurance,

> Aucun fiel n'a jamais empoisonné sa plume.

La modestie est ordinairement le trait que les biographes des hommes d'étude se sont le plus attachés à mettre en relief. J'ose affirmer que dans l'acception ordinaire c'est une pure flatterie. Pour mériter le titre de modeste, faut-il se croire au-dessous de compétiteurs dont on est au moins l'égal ? Faut-il, quand vous vous examinez vous-même, manquer du tact, de l'intelligence, du jugement que la nature vous a départi et dont vous faites un si bon usage en appréciant les œuvres des autres ? Oh ! alors, peu de savants ont été modestes. Voyez Newton : sa modestie est presque aussi célébrée que son génie. Eh bien, j'extrairai de deux de ses Lettres, à peine connues, deux paragraphes qui, rapprochés l'un de l'autre, exciteront quelque étonnement ; le premier confirme l'opinion générale ; le second semble la contredire non moins fortement. Voici ces passages :

« On est modeste en présence de la nature.

« On peut sentir noblement ses forces devant les travaux des hommes. »

Suivant moi, l'opposition entre ces deux passages n'est qu'apparente ; elle s'explique à l'aide d'une distinction que j'ai déjà légèrement indiquée.

La modestie de Bailly exigeait la même distinction. Quand on le louait en face sur la diversité de ses connaissances, notre confrère ne repoussait pas d'abord le compliment ; mais bientôt après, arrêtant son panégyriste, il lui disait à l'oreille, avec un air de mystère : « Je vous confie mon secret ; n'en abusez pas, je vous prie : je suis seulement un tant soit peu moins ignorant qu'un autre. »

Jamais personne ne mit ses actions plus en harmonie avec ses principes. Bailly est amené à réprimander avec force un individu appartenant à la classe la plus humble, la plus pauvre de la société. La colère ne lui fait pas oublier qu'il parle à un citoyen, à un homme. Je vous demande pardon, dit le premier magistrat de la capitale, en s'adressant à un chiffonnier ; je vous demande pardon si je me fâche ; mais votre conduite est si répréhensible, que je ne puis pas vous parler autrement.

Les amis de Bailly avaient coutume de dire qu'il consacrait une trop grande partie de son patrimoine au plaisir. Ce mot fut calomnieusement interprété. M. Mérard Saint-Just en a donné le vrai sens : « le plaisir de Bailly, c'était la bienfaisance. »

Un esprit aussi éminent ne pouvait manquer d'être tolérant. Tel, en effet, Bailly se montra constamment en politique, et, ce qui est presque aussi rare, en matière de religion. Dans le mois de juin 1791, il réprima sévèrement la fureur dont la multitude paraissait animée, sur le bruit qu'aux Théatins quelques personnes avaient communié deux ou trois fois le même jour. « Le fait est faux, sans doute, disait le maire de Paris ; mais quand il serait vrai, le public n'aurait pas le droit de s'en enquérir. Chacun doit avoir le libre choix de sa religion et de son dogme. » Rien n'aurait manqué au tableau, si Bailly eût pris la peine de remarquer combien il était étrange que ces violents scrupules contre les communions multiples émanassent de personnes qui probablement ne communiaient jamais.

Les Rapports sur le magnétisme animal, sur les hôpitaux, sur les abattoirs, avaient porté le nom de Bailly dans des régions d'où les courtisans savaient très-habilement écarter le vrai mérite. *Madame* désira alors attacher l'illustre académicien à sa personne en qualité de secrétaire de cabinet. Bailly accepta. C'était un titre purement honorifique. Le secrétaire ne vit la princesse qu'une seule fois, le jour de sa présentation.

Lui réservait-on des fonctions plus sérieuses ? Il faut le croire ; car des personnes influentes offraient à Bailly de lui faire conférer un titre nobiliaire et une décoration. Cette fois, le philosophe refusa tout net : « Je vous remercie, répondit Bailly aux négociateurs empressés ; celui qui a l'honneur d'appartenir aux trois premières Académies de France est assez décoré, assez noble aux yeux des hommes raisonnables ; un cordon, un titre n'y pourraient rien ajouter. »

Le premier secrétaire de l'Académie des sciences avait, quelques années auparavant, agi comme Bailly. Seulement il expliqua son refus en termes tellement forts, que j'aurais quelque peine à les croire tracés par la plume du timide Fontenelle, si je ne les trouvais dans un écrit parfaitement authentique. « De tous les titres de ce monde, dit Fontenelle, je n'en ai jamais eu que d'une espèce, des titres d'académicien, et ils n'ont été profanés par aucun mélange d'autres, plus mondains et plus fastueux. »

Bailly s'était marié, en novembre 1787, à une intime amie de sa mère, déjà veuve, et de deux ans seulement plus jeune que lui. Madame Bailly, parente éloignée de l'auteur de la *Marseillaise*, avait pour son mari un attachement qui touchait à l'admiration. Elle lui prodigua constamment les soins les plus tendres, les plus affectueux. Les succès que madame Bailly aurait pu avoir dans le monde par sa beauté, par sa grâce, par sa bonté infinie, ne la tentèrent pas. Elle vécut dans une retraite presque absolue, même aux époques où le savant académicien était le plus en évidence. La femme du maire de la capitale ne parut qu'à une seule cérémonie publique : le jour de la bénédiction des drapeaux des soixante bataillons de la garde nationale par l'archevêque de Paris, elle accompagna madame de Lafayette à la cathédrale. « Le devoir de mon mari, disait-elle, est de se montrer au public partout où il y a du bien à faire et de bons conseils à donner ; le mien est de rester dans ma maison. » Cette réserve si rare, si respectable, ne désarma point quelques hideux folliculaires. Leurs impudents sarcasmes allaient sans relâche saisir l'épouse modeste au foyer domestique, et troubler sa vie. Dans leur logique de carrefour, ils imaginaient qu'une femme élégante et belle, qui fuyait la société, ne pouvait manquer d'être ignorante et dépourvue d'esprit. De là, mille propos imaginaires, ridicules à la fois dans le fond et dans la forme, jetés journellement au public, plus encore, il est vrai, pour offenser, pour dégoûter l'intègre magistrat, que pour humilier sa compagne.

La hache qui trancha la vie de notre confrère brisa du même coup, et presque complétement, tout ce que tant d'agitations poignantes, de malheurs sans exemples, avaient laissé chez madame Bailly de force d'âme et de puissance intellectuelle. Un incident étrange aggrava encore beaucoup la triste situation de madame Bailly. Dans un jour de trouble, du vivant de son mari, elle avait substitué à la ouate d'un de ses vêtements le produit, en assignats, de la vente de leur maison de Chaillot. C'était une trentaine de mille francs. La mémoire affaiblie de la veuve infortunée ne lui rappela pas l'existence de ce trésor, même dans les moments de la plus grande détresse. Lorsque la vétusté de l'étoffe qui les cachait eut ramené les assignats au jour, ils n'avaient plus aucune valeur.

La veuve de l'auteur d'un des plus beaux ouvrages de l'époque, du savant membre de nos trois grandes Académies, du premier président de l'Assemblée nationale, du premier maire de Paris, se trouva ainsi réduite, par un revirement de fortune inouï, à implorer les secours de la pitié publique. Ce fut le géomètre Cousin, membre de cette Académie, qui, par ses sollicitations incessantes, fit inscrire madame Bailly au bureau de charité de son arrondissement. Les secours se distribuaient en nature. Cousin les recevait à l'Hôtel de Ville, où il était conseiller municipal, et allait les remettre lui-même rue de la Sourdière. C'était, en effet, rue de la Sourdière que madame Bailly avait trouvé gratuitement deux petites chambres dans la maison d'une personne compatissante, dont je regrette vivement de ne pas savoir le nom. Ne vous semble-t-il pas, Messieurs, que l'académicien Cousin, traversant tout Paris, ayant sous le bras le pain, la viande et la chandelle destinés à la malheureuse veuve d'un illustre confrère, ne s'honorait pas moins que s'il était venu à une de nos séances, ayant en portefeuille les résultats de quelque belle recherche scientifique ? De si nobles actions valent certainement de bons Mémoires.

Les choses marchèrent ainsi jusqu'à la révolution du 18 brumaire. Le 21, les crieurs publics annonçaient partout, même dans la rue de la Sourdière, que le général Bonaparte était consul, et M. de Laplace ministre de l'intérieur. Ce nom, si connu de la respectable veuve, s'éleva jusqu'à la chambre qu'elle habitait et y produisit quelque émotion. Le soir même, le nouveau ministre (c'était débuter noblement, Messieurs) demandait une pension de deux mille francs pour madame Bailly. Le consul accordait la demande, en y ajoutant cette condition expresse, qu'un premier semestre serait payé d'avance et sur-le-champ. Le 22, de bonne heure, une voiture s'arrête dans la rue de la Sourdière ; madame de Laplace en descend, portant à la main une bourse remplie d'or. Elle s'élance dans l'escalier, pénètre en courant dans l'humble demeure, depuis plusieurs années témoin d'une douleur sans remède et d'une cruelle misère ; madame Bailly était à la fenêtre : « Ma chère amie, que faites-vous là de si grand matin ? s'écrie la femme du ministre. — Madame, repartit la veuve, j'entendis hier les crieurs publics, et je vous attendais ! »

Si, après s'être appesanti par devoir sur des actes anarchiques, odieux, sanguinaires, l'historien de nos discordes civiles a le bonheur de rencontrer dans sa marche une scène qui satisfasse l'esprit, qui élève l'âme et remplisse le cœur de douces émotions, il s'y arrête, Messieurs, comme le voyageur africain dans une oasis !